LA COCINA DE PATRICIA QUINTANA

COCINA MEXICANA AL NATURAL

- Sopas
- Chiles
- Carnes
- Cocina mexicana al natural

COCINA MEXICANA AL NATURAL

PATRICIA QUINTANA

OCEANO

COCINA MEXICANA AL NATURAL

© 2007, Patricia Quintana

© 2007, Pablo Esteva (por las fotografías)

D. R. © 2007, EDITORIAL OCEANO DE MÉXICO, S.A. de C.V.
        Blvd. Manuel Ávila Camacho 76, 10º piso,
        Colonia Lomas de Chapultepec,
        Miguel Hidalgo, Código Postal 11000, México, D.F.
        ☎ (55) 9178 5100   📠 (55) 9178 5101
        📧 info@oceano.com.mx

PRIMERA EDICIÓN

ISBN: 978-970-777-476-6

HECHO EN MÉXICO / IMPRESO EN ESPAÑA
MADE IN MEXICO / PRINTED IN SPAIN
9002265010208

LA COCINA DE PATRICIA QUINTANA
COCINA MEXICANA AL NATURAL

———

ÍNDICE

LA COCINA DE PATRICIA QUINTANA
COCINA MEXICANA AL NATURAL

———

PRESENTACIÓN

El arte culinario mexicano es una expresión humana que refleja la comunión perfecta de la experiencia sensorial de los dones de la tierra y el amor por las tradiciones y las enseñanzas que hemos heredado de nuestras raíces.

Nuestra gastronomía nace y se recrea a través de los sentidos. La apetencia por los guisos tradicionales surge cuando admiramos el colorido de los mercados: las canastas de palma tejida rebosantes de quelites, lechugas, rábanos, jitomates, papas, cebollas blancas y moradas. Al sentir la textura de los chiles anchos, poblanos, mulatos, serranos; de las hojas de maíz secas, de los nopales, de los miltomates, evocamos el recuerdo vivo de su sabor tan familiar. Los aromas del cilantro, el epazote, la hoja santa, de las hojas de aguacate y de plátano despiertan el antojo por la infinidad de sazones que matizan el sabor del maíz, el frijol, las carnes, los mariscos, los pescados.

La diversidad de ingredientes que forman parte del festín culinario es una característica muy valiosa de nuestra gastronomía, sin embargo, el elemento que le da esa identidad incomparable es el corazón que ponen las mujeres en esta noble tarea. Esta devoción es parte de las tradiciones que provienen desde la época prehispánica; de nuestros abuelos, quienes de boca en boca, de corazón a corazón nos enseñaron a apreciar con humildad a la naturaleza y sus frutos. Para ellos, el mundo natural y lo sobrenatural se entrelazaban, ligados íntimamente en el equilibrio cotidiano. Así, las artes culinarias matizadas por un sentimiento sagrado y místico alimentan tanto al cuerpo como al espíritu de los hombres.

La fusión con la cultura occidental y la oriental permitió un gran enriquecimiento gastronómico. Este legado se mantiene vivo en nuestras propias recetas que se han hilado con diversos gustos que llegaron de otras tierras: de Europa, las almendras, el aceite de oliva, las cebollas, el ajo, la leche, los quesos, la crema, el puerco, el vino, las aves; de Asia, la pimienta negra, el jengibre, la soya, el arroz; del Caribe, el arroz con pollo, el pimiento dulce, los frijoles en sofrito, los picadillos, el plátano verde, la yuca, el ajo, el pescado en escabeche y los cascos de guayaba. Nuestra comida refleja ese intercambio cultural en donde la historia se proyecta, se compenetra, se revive.

Los guisos con el particular sazón de cada región de nuestro país son un maridaje único de las sinfonías de color y sabor de sus elementos esenciales: los jitomates, los tomatillos, el chile serrano, el jalapeño, el cacahuate, la vainilla, el chocolate, el pulque. La comida es la manifestación artística más representativa de nuestras fiestas y ferias; así, al paso de las generaciones, nuestra profunda sensibilidad del festejo y el enamoramiento por el sabor se perpetúan en nuestras tradiciones.

Desde pequeña, la cocina ha sido para mí remembranza y descubrimiento que se interioriza, se reflexiona. Es, como todo en la vida, un ir y venir de encuentros con la naturaleza, con la tradición, con nuestra esencia. Cada receta que presento en esta serie de obras es para mí una expresión imperecedera que define nuestro ser mestizo. Es un patrimonio vivo y cambiante que se ha enriquecido y renovado, que fluye intuitivamente según la inspiración adquirida a través de la búsqueda culinaria realizada por todos los rincones de México durante años.

Espero que disfruten estos libros, cada uno de ellos es un reencuentro con nuestro país que cautiva los sentidos y deleita al corazón a través de aromas, texturas y sabores.

Patricia Quintana

JUGO DE ZANAHORIA
AL JENGIBRE

PARA EL JUGO:

64	zanahorias medianas, sin piel
4	tazas de manzana sin piel
8	cucharaditas de jengibre sin piel

PARA PREPARAR EL JUGO:

Corte las zanahorias, las manzanas y el jengibre. Haga el jugo en un extractor. Deberá estar ligeramente espeso. Cuélelo y páselo a una jarra.

PRESENTACIÓN:

Con anticipación refrigere 8 vasos durante ½ hora. Vierta el jugo en los vasos y sirva de inmediato.

VARIACIONES:
- Al jugo de zanahoria agréguele apio y betabel o papa cruda.
- Hágalo con jugo de naranja.

NOTA:
- Lave las verduras y las frutas con un cepillo o una esponja, después desinfecte por 15 minutos. Escurra y deje orear antes de utilizarlas en la receta.

PROPIEDADES:
- La zanahoria, por su contenido de vitamina A, tiene propiedades naturales para mejorar la vista, es antioxidante y protege la piel. Ayuda a la digestión.
- Es rica en fósforo. Fortalece las mentes cansadas y restaura los nervios.
- La manzana contiene calcio, hierro, magnesio, nitrógeno, fósforo y potasio.
- La manzana actúa como fibra. Ayuda en la disolución del colesterol.
- Es antiácida natural. Estimula el jugo gástrico.
- El jengibre favorece la circulación sanguínea. Es antibacteriano y neutraliza los jugos gástricos.

JUGO DE UVA
VERDE

PARA EL JUGO DE UVA:

2.450   kg [5 lb] de uva verde sin semilla, sin tallo

PARA PREPARAR EL JUGO DE UVA:

Lave la uva y muélala en la licuadora
o en el extractor. Cuele el jugo y páselo
a una jarra.

PRESENTACIÓN:

Sirva el jugo recién hecho en vasos al tiempo
o en vasos fríos (refrigérelos con ½ hora
de anticipación).

VARIACIONES:
- Para hacer el jugo tome 300 g [10 oz]
  por persona.
- Combine el jugo con uva verde y roja.
- Agregue piña.
- Hágalo con guayaba.

NOTA:
- Lave la fruta con una esponja, después
  desinfecte por 15 minutos. Escurra y deje orear
  antes de utilizarla en la receta.

PROPIEDADES:
- La uva constituye uno de los productos
  naturales con mayor capacidad antioxidante,
  por lo que combate enfermedades
  degenerativas.
- La uva disminuye el colesterol, mejora
  la circulación y eleva las defensas
  del sistema inmunológico.

JUGO DE GUAYABA
A LOS CÍTRICOS

PARA EL JUGO DE GUAYABA:

8   guayabas medianas, maduras, partidas por la mitad, sin huesos

4   tazas de jugo de naranja recién hecho

4   tazas de jugo de mandarina recién hecho

PARA PREPARAR EL JUGO DE GUAYABA:

Parta por la mitad las guayabas y retire los huesos con la ayuda de una cuchara. Corte las guayabas en trozos. Exprima la naranja y la mandarina. En la licuadora muela los ingredientes hasta dejar un jugo semiespeso. Cuélelo y páselo a una jarra.

PRESENTACIÓN:

Refrigere 8 vasos durante ½ hora.
Sirva el jugo recién hecho de inmediato, ya que la vitamina C debe tomarse al momento.

VARIACIONES:
- Haga el jugo solamente con naranja o mandarina.
- Combínelo con kiwi o maracuya.

NOTA:
- Lave las frutas con un cepillo o una esponja, después desinfecte por 15 minutos. Escurra y deje orear antes de utilizarlas en la receta.

PROPIEDADES:
- La guayaba tiene un alto contenido de vitamina C, potasio, calcio, hierro, fósforo y fibra.
- Se utiliza para el tratamiento de enfermedades intestinales como diarrea, escalofríos y dolor de estómago. Por su alto contenido de vitamina C, es remineralizante y tonificante.
- La naranja es rica en vitamina C, fortalece al organismo para que los síntomas del resfriado sean menores.
- Ayuda a prevenir numerosas enfermedades degenerativas como la pérdida de la visión, la aparición de cataratas, la hipertensión o la sordera.
- Depura las toxinas del torrente sanguíneo, elimina el ácido úrico.

JUGO DE PIÑA
A LA CEREZA

PARA EL JUGO:

8   tazas de piña madura, rebanada
8   tazas de cereza fresca, sin hueso

PARA PREPARAR EL JUGO:

En el extractor haga el jugo combinando las rebanadas de piña y la cereza fresca. Deje caer el jugo en
una taza; sírvalo directamente o páselo a una jarra
y refrigérelo durante 20 minutos.

PRESENTACIÓN:

Sirva el jugo en los vasos recién refrigerados con ½
hora de anticipación o al tiempo.

VARIACIONES:
- Haga el jugo en la licuadora y cuélelo.
- Agregue apio al jugo.
- Incorpore manzana o pera mantequilla.
- Añada zarzamoras, frambuesas o mora azul.

NOTAS:
- Lave las verduras y las frutas con un cepillo
  o una esponja, después desinfecte
  por 15 minutos. Escurra y deje orear
  antes de utilizarlas en la receta.
- Las frutas no deben usarse cuando estén
  muy maduras y ácidas.
- Se deberán usar cuando estén en su punto.

PROPIEDADES:
- La piña es rica en fibra pectina y vitamina C;
  su bajo contenido calórico ayuda en los
  tratamientos contra la obesidad.
- Ayuda a eliminar las bacterias causadas por
  una mala digestión y parásitos intestinales.
- La cereza es un cítrico rico en aceites
  esenciales. Es diurética. Ayuda a la circulación.

JUGO DE NOPAL
DIETÉTICO

PARA EL JUGO:

16	nopalitos baby 480 g [16 oz], sin espinas, limpios
8	tazas de jugo de toronja recién hecho
6	tazas de piña sin piel, cortada
2	tazas de perejil picado

PARA PREPARAR EL JUGO:

En el extractor o en la licuadora muela los nopalitos, el jugo de toronja, la piña y el perejil. Cuélelo y sirva de inmediato.

PRESENTACIÓN:

Sirva en vasos el jugo de nopal recién hecho.

VARIACIONES:
- Agregue apio.
- Incorpore jugo de naranja o mandarina.

NOTA:
- Lave las verduras y las frutas con un cepillo o una esponja, después desinfecte por 15 minutos. Escurra y deje orear antes de utilizarlas en la receta.

PROPIEDADES:
- El nopal es rico en proteínas y calcio.
- El nopal tiene muchas propiedades como la celulosa y fibra dietética. Previene problemas intestinales y la ansiedad por comer.
- La toronja contiene vitamina C, es fuente importante de ácido fólico.
- Es un antioxidante y ayuda a la circulación.
- El jugo de la piña es muy recomendable para controlar el sobrepeso y mantiene el intestino sano.
- La piña es diurética y antioxidante.
- El perejil contiene propiedades diuréticas. Es útil para evitar la formación de cálculos en el riñón.

JUGO ENERGÉTICO
CON CALCIO

PARA EL JUGO:

6	tazas de papaya madura
6	tazas de jugo de naranja o de mandarina
6	almendras limpias
16	cucharadas de avena orgánica
16	cucharadas de miel orgánica

PARA PREPARAR EL JUGO:

En la licuadora ponga la papaya, el jugo de la mandarina, la avena, las almendras y la miel. Muela todo hasta formar un jugo semiespeso (en caso de que esté muy espeso añada otro poco de jugo de naranja).

PRESENTACIÓN:

Sirva el jugo a temperatura ambiente o refrigérelo durante 1 hora.
Revuélvalo bien antes de servirlo.

VARIACIONES:
- Agregue pepitas de calabaza.
- Incorpore ciruelas pasas.
- Añada manzana o pera.
- Hágalo con durazno.

NOTAS:
- Lave las frutas y las almendras con un cepillo o esponja, después desinfecte por 15 minutos. Escurra y deje orear antes de utilizarlas en la receta.
- La papaya se podrá comprar verde y envolver en papel estraza o periódico. Hay diversas clases, las hay amarillas y de color naranja. Cuando la papaya está madura a veces tiene un sabor amameyado.

PROPIEDADES:
- La papaya es fuente de vitamina C, calcio y hierro; es también rica en betacarotenos.
- Es conveniente comer la papaya antes de otros alimentos ya que ayuda a la digestión, especialmente si existe una deficiencia de ácidos gástricos.
- Las almendras contienen vitaminas A, E, B1, B2 y minerales; son un alimento energético ideal para el frío. Favorecen la producción de la leche materna, mejoran problemas del sistema nervioso y actúan como desinfectante a nivel intestinal.
- La miel de abeja tiene la capacidad de endulzar 25 veces más que el azúcar ordinaria, es considerada como uno de los alimentos más nutritivos por su contenido de vitaminas, sales minerales y azúcares de fácil digestión.

TORONJA
A LA MANDARINA

PARA LA SUPREMA DE TORONJA:

8	toronjas rosadas o blancas cortadas en suprema
8	cucharaditas de miel de abeja o de maguey o al gusto
2	tazas de jugo de mandarina colado

PARA LA GUARNICIÓN:

16   hojas de hierbabuena troceadas con la
      mano

PARA PREPARAR:

Con un cuchillo filoso retire la cáscara y el bagazo de la toronja y corte entre las membranas para sacar las supremas.

PRESENTACIÓN:

En copas semihondas coloque las supremas entrelazadas. Recubra con la cucharadita de miel y el jugo de mandarina. Adorne con la hierbabuena troceada.

VARIACIONES:
- Haga las supremas con naranja sin semilla y sírvalas con jugo de naranja.
- Combine toronja con piña cortada en láminas y jugo de mandarina.
- Sirva la suprema de toronja con jugo de maracuyá y rocíe miel.

NOTAS:
- Lave las frutas con un cepillo o una esponja, después desinfecte por 15 minutos. Escurra y deje orear antes de utilizarlas en la receta.
- Las toronjas y las mandarinas deberán estar dulces para que se pueda hacer la receta.
- Se podrán comprar 3 días antes de usarlas.
- Si las frutas están aguadas no las use.
- La fruta se podrá refrigerar para que esté fresca, así como el jugo.

PROPIEDADES:
- La toronja fortalece la digestión y el sistema urinario; contribuye al metabolismo de las grasas y limpia el hígado.
- La mandarina es una fuente natural de fibra; ayuda a la circulación. Por su abundancia en ácido fólico, es imprescindible en los procesos de división y multiplicación celular que tienen lugar en los primeros meses de gestación.

FRUTAS
SILVESTRES

PARA EL COULIS DE MANDARINA
Y CEREZA:

2½   tazas de jugo de mandarina fresco
2½   tazas de cerezas maduras sin hueso
4   cucharadas de miel de abeja, de flor de naranjo o
      cualquier otra miel

PARA LA FRUTA:

480   g [17 oz] de zarzamoras sin rabito
480   g [17 oz] de frambuesas limpias

PARA LA GUARNICIÓN:

4   cucharadas de miel orgánica

PARA PREPARAR EL COULIS:

Exprima el jugo de la mandarina, viértalo a la licuadora junto con las cerezas y la miel. Muela hasta obtener una salsa semiespesa o coulis. Páselo a una jarra y refrigere durante 1½ horas.

PARA PREPARAR LA FRUTA:

Limpie la fruta; ponga las moras en un colador y páselas por agua sin dejar caer el chorro; desinféctelas por unos minutos. Escúrralas. No deberá manipularlas, ya que es una fruta delicada.

PRESENTACIÓN:

En vasos medianos o en chaser, ponga 60 g [2 oz] de zarzamora y frambuesa en cada vaso y ½ taza de coulis al centro. El coulis no deberá tapar la fruta sino ser la base. Adorne con 1 cucharadita de miel y sírvalos.

VARIACIONES:
- Sirva con yogurt natural, jocoque o crema espesa y natural.
- Acompañe con galletas de amaranto.
- Sirva la fruta con duraznos rebanados en temporada.

NOTAS:
- Lave las frutas con un cepillo o una esponja, después desinfecte por 15 minutos. Escurra y deje orear antes de utilizarlas en la receta.
- La mandarina empieza en septiembre y termina en marzo.

PROPIEDADES:
- La zarzamora contiene calcio, vitaminas y ácidos orgánicos. Es un astringente natural y diurético.
- La frambuesa es una fuente de vitamina C, ácido fólico, potasio y calcio. Interviene en la producción de glóbulos rojos y blancos, y en la formación de anticuerpos. El potasio contribuye en la transmisión y generación del impulso nervioso, equilibra el agua dentro y fuera de las células.

HUEVOS COCIDOS
CON CHILES TOREADOS

PARA LOS HUEVOS:

6	tazas de agua
1	cucharadita de sal de grano
16	huevos frescos, rojos o blancos

PARA LA GUARNICIÓN:

8	chiles serranos grandes, con rabitos asados
2	cucharaditas de sal gruesa
8	tortillas tostadas o de maíz quebrado u 8 rebanadas de pan de granos tostadas

PARA PREPARAR LOS HUEVOS:

En una cacerola grande ponga el agua a calentar, incorpore la sal de grano y deje que hierva ligeramente; con una cuchara ponga los huevos de uno en uno, cocínelos durante 12 minutos. Escurra el agua y refresque los huevos duros con agua fría, por 5 minutos. Apártelos. Antes de servir golpéelos y estréllelos por todos los lados y retíreles el cascarón de toda la superficie.

PARA PREPARAR LA GUARNICIÓN:

En la estufa a fuego directo, con la ayuda de unas pinzas, ase los chiles por ambos lados hasta que tomen un color negruzco. Retírelos y salpíquelos con un poco de sal gruesa.

PRESENTACIÓN:

Por cada plato semihondo coloque 1 huevo duro entero y otro partido, un chile asado y abierto por la mitad; al centro salpique con sal gruesa. Sirva con tortillas tostadas o pan de granos tostado.

VARIACIONES:
- Podrá cocer el huevo duro menos de 8-10 minutos para que la yema esté más suave.
- Sirva los huevos duros con salsa de jitomate o de tomatillos asados con chiles serranos asados, ajo, cebolla y cilantro.
- Sirva los huevos duros con chipotles encurtidos.
- Haga tacos con tortillas recién hechas de huevo duro picado.
- Haga tostadas con tortilla asada en el comal, sirva con jocoque, lechuga y queso fresco.

NOTAS:
- Lave los huevos con un cepillo o una esponja, no los deje en el agua, ya que el cascarón es poroso. Refrigérelos.
- Lave los chiles con un cepillo o una esponja, después desinfecte por 15 minutos. Escurra y deje orear antes de utilizarlos en la receta.
- Para saber si un huevo es fresco sumérjalo en un vaso con agua, si llega al fondo está en óptimas condiciones, si sube un poco está menos fresco, y si flota está pasado.

PROPIEDADES:
- Los huevos son una excelente fuente de vitamina K, B, B12; son ricos en selenio, vitamina D y proteínas.
- Las cáscaras de huevo son un estupendo abono orgánico, déjelas remojar toda la noche, al día siguiente muélalas y espárzalas en las plantas del jardín.

CLARAS DE HUEVO POCHÉ
EN CALDILLO DE FRIJOL
Y SALSA AL CHILTEPÍN

PARA EL CALDILLO DE FRIJOL:

2	tazas de frijol negro, limpio
8	tazas de agua
1	cebolla chica, cortada
4	dientes de ajo medianos, sin piel
2	cucharaditas de sal

PARA LA SALSA AL CHILTEPÍN:

1	taza de agua
¼	cebolla mediana
180	g [6 oz] miltomates medianos, sin cáscara
1-2	cucharadas de chiltepín o piquín frescos, asados
1	diente de ajo mediano, sin piel
1	cucharadita de sal o al gusto

PARA LA GUARNICIÓN:

½	taza de agua
8	tomatillos de milpa medianos, cocidos
48	chiles piquines grandes, comapeños o bolita, ligeramente asados
2	cucharadas de aceite de oliva
	Sal al gusto

PARA LAS CLARAS DE HUEVO POCHÉ:

	Aceite de oliva
	Sal
16	claras de huevo mediano de patio, orgánico o normal

PARA PREPARAR EL CALDILLO DE FRIJOL:

Extienda el frijol en una superficie y retire las piedritas. Pase el frijol a una coladera, lávelo, escúrralo. En una olla express ponga el agua a calentar. Agregue los frijoles junto con la cebolla, los dientes de ajo y la sal. Tape la olla express de modo que quede bien cerrada. Cocine a fuego fuerte hasta que empiece a soltar el vapor. Reduzca el fuego, continúe cocinando los frijoles durante 45 minutos-1 hora. Retire la olla express del fuego. Déjela enfriar y pásela abajo del chorro del agua para que al retirar la válvula no salga el vapor y la pueda abrir. Cuele el caldillo de frijol y muela 6-8 cucharadas de frijol entero. Rectifique la sazón.

PARA PREPARAR LA SALSA DE CHILTEPÍN:

En una cacerola ponga el agua a calentar. Agregue la cebolla, los miltomates. Cocine a fuego mediano. Mientras, precaliente una sartén y ase los chiles chiltepín; cuando salga su aroma páselos con los miltomates que se están cociendo. Cocine a fuego mediano durante 10 minutos. Retire del fuego.

En el molcajete remuela el ajo junto con la sal; agregue los chiles, muélalos e incorpore los miltomates y 2 cucharadas del agua donde se cocinaron. Continúe moliendo hasta dejar una salsa semimolida. Rectifique la sazón. Incorpore un poco de agua para obtener una salsa con textura y no aguada.

PARA PREPARAR LA GUARNICIÓN:

En un recipiente ponga el agua a hervir, sazone con ½ cucharadita de sal, agregue los tomatillos y cocínelos hasta que se revienten un poco. Retírelos del fuego, con una cuchara saque los tomatillos, ábralos ligeramente con un cuchillo.

Precaliente una sartén durante 5 minutos. Agregue los chiles hasta que estén ligeramente asados. Salpique con el aceite, fríalos hasta que estén crujientes. Retírelos. Ponga en un plato sal y revuélquelos en ella.

PARA PREPARAR LAS CLARAS DE HUEVO POCHÉ:

Prepare una pochera con agua. Engrase 8 moldes con aceite de oliva, salpique con sal. Vierta las claras; ponga los moldes en el sostenedor de la pochera y tápelos. Cocínelas durante 5 minutos; vaya girando con cuidado la pochera por ambos lados en círculo para que tenga la misma temperatura. Retírelas del fuego y deje reposar durante 3-4 minutos. Con la ayuda de un cuchillo filoso remueva las claras y sírvalas de inmediato.

PRESENTACIÓN:

En platos calientes extendidos y semihondos haga en cada plato un ligero semicírculo con el caldillo de frijol; sobreponga las claras poché. Adorne con un poco de salsa encima, los tomatillos abiertos y los chiles fritos con la sal por un costado. Sirva de inmediato. Acompañe con tortillas tostadas y con el resto de la salsa aparte.

VARIACIONES:

- El resto del frijol guárdelo para hacer frijoles molidos y espéselos para unas enfrijoladas.
- Barnice las pocheras con aceites saborizados e infusionados con chiles, albahaca, pimienta.
- Sirva las claras poché en la salsa sin frijoles.
- Acompañe con frijoles de la olla, infusiónelos con manojos de pápalo, de cilantro o epazote; sírvalos en un plato hondo con las claras poché enteras o cortadas por mitad, la salsa encima, los chiles por un lado y acompáñelos con tortillas recién hechas. Acompáñelos con jamón de pavo rebanado como papel, sirva las claras poché con crema, yogurt o jocoque y los frijoles de la olla, con chiles toreados, cebolla limón y salsa de soya.
- Use las claras poché frías, ralladas para tacos o ensaladas.
- Acompañe con salmón curtido.

NOTAS:

- Lave los frijoles y las verduras con un cepillo o una esponja, después desinfecte por 15 minutos. Escurra y deje orear antes de utilizarlos en la receta.
- Los chiles secos se desinfectan sólo por 5 minutos, ya que pueden perder su aroma y consistencia.
- Los frijoles deberán ser de mercado o de rancho. Trate de comprarlos de temporada ya que tienen mejor sabor.

PROPIEDADES:

- La cebolla estimula el apetito y regulariza las funciones del estómago, es diurética, por lo tanto es un medio importante para depurar el organismo
- El ajo tiene un sabor picante que reemplaza al de las especias más fuertes, ofrece muchas propiedades como antiséptico, diurético.
- El chile es un estimulante natural, con muchas propiedades.
- La clara tiene el 57% del peso total del huevo y se compone en su mayor parte por agua y proteínas.

HUEVOS POCHÉ REVUELTOS
A LA MEXICANA CON SALSA DE JITOMATE AL CHILE DE ÁRBOL

PARA LA SALSA DE CHILE DE ÁRBOL:

3	tazas de agua
1½	cebolla chica, cortada
3	dientes de ajo medianos, sin piel
6	chiles de árbol sin rabito, frescos o secos, asados
6	chiles de árbol sin rabito secos, ligeramente fritos
6	jitomates guajes medianos, maduros, fritos
¾-1½	cucharaditas de sal o al gusto

PARA LA GUARNICIÓN:

3	jitomates guajes o redondos medianos, maduros, sin semillas, finamente picados
½	cebolla mediana, finamente picada
1-2	chiles serranos sin rabito, finamente picados
½-¾	cucharadita de sal

PARA LOS HUEVOS POCHÉ:

4	huevos orgánicos
5	claras
4	cucharadas de yogurt
3	cucharadas de jitomate finamente picado
3	cucharadas de cebolla finamente picada
2	chiles serranos finamente picados
⅛	cucharadita de pimienta negra recién molida
¾-1	cucharadita de sal o al gusto

PARA PREPARAR LA SALSA DE CHILE DE ÁRBOL:

En una cacerola ponga el agua a calentar durante 20 minutos, agregue la cebolla, los dientes de ajo, los chiles de árbol asados, los chiles secos fritos y los jitomates. Sazone con ¾ cucharadita de sal. Cocine la salsa durante 25 minutos. Deje enfriar y muela la salsa junto con la mitad del líquido donde se cocinaron. Remuela la salsa, vuelva a rectificar la sazón, la consistencia deberá quedar semiespesa. Si requiere un poco más de líquido, agréguelo.

PARA PREPARAR LA GUARNICIÓN:

La salsa fresca deberá mezclarse en el momento de servirse ya que suelta mucho líquido.

PARA PREPARAR LOS HUEVOS POCHÉ:

Engrase los moldes con aceite y prepare el recipiente de las poncheras con agua hirviendo. En un tazón ponga huevos enteros junto con las claras y el yogurt, bátalos con un globo; incorpore el jitomate, la cebolla, los chiles y envuelva con una espátula. Sazone con la sal. Vierta en las pocheras llenando ¾ partes de los moldes con el huevo preparado. Tape y cocine a fuego mediano de 5-8 minutos; durante la cocción rote la pochera para que se cocinen parejo los huevos. Destape la pochera y pruebe con un palillo para ver si cuajaron. Si les falta un poco, con el vapor de la cocción se terminarán de cocinar.

Destape y con un cuchillo filoso despegue los huevos poché.

PRESENTACIÓN:

Sirva los huevos poché sobre una cama de salsa mexicana. Y adorne con la misma salsa. Marque una línea en cada lado con la salsa de chile de árbol. Sirva de inmediato.

VARIACIONES:
- Agregue a los huevos poché chile poblano en crudo finamente picado.
- Incorpore requesón.
- Añada chipotle picado.
- Mezcle los huevos con frijoles de la olla recién cocidos.
- Agregue nopales cocidos finamente picados.
- Acompañe los huevos con tortillas recién hechas o tortillas tostadas o de maíz entero.

NOTAS:
- Lave las verduras y los chiles con un cepillo o una esponja, después desinfecte por 15 minutos. Escurra y deje orear antes de utilizarlos en la receta.
- Los chiles secos se desinfectan sólo por 5 minutos, ya que pueden perder su aroma y consistencia.
- Lave los huevos antes de usarlos y séquelos rápidamente, no los deje en el agua, ya que el cascarón es poroso.
- La sal se puede sustituir por el limón, el aceite de oliva, la pimienta, el orégano y el chile.

PROPIEDADES:
- La lecitina del huevo favorece la integridad estructural de las membranas celulares, la transmisión neuronal y numerosos procesos metabólicos del organismo.
- El yogurt es una buena fuente de calcio y fósforo. Una de las propiedades más destacadas es su capacidad de ayudarnos a regenerar nuestra flora intestinal.
- El yogurt disminuye la proporción de colesterol que contiene la leche.
- El chile contiene cantidades importantes de vitamina C y diversos minerales indispensables en una buena nutrición.
- El chile de árbol seco en exceso es irritante.
- Los huevos tienen un alto valor nutritivo, contienen vitamina B12, son ricos en minerales, proteínas y vitaminas. Ayudan a combatir el estrés.
- La pimienta negra tiene un sabor picante, estimula la producción de jugos digestivos.

HUEVOS RANCHEROS
CON MOLE LIGERO

PARA EL MOLE:

8	chiles puya desvenados, lavados, asados
2	chiles chipotles mora o chipotles meco asados
2	chiles guajillo desvenados, asados
1	taza de agua
2	jitomates guajes hervidos
½	cebolla mediana, cortada
3	dientes de ajo medianos, sin piel
2	tazas de agua donde se remojaron los chiles
¼	taza de aceite de girasol o de oliva
2	rebanadas de cebolla

PARA LOS CHAYOTES:

2	tazas de agua
2	chayotes sin piel, cortados en mandolina en tiras delgadas
1	cucharadita de azúcar
1¼	cucharaditas de sal o al gusto

PARA LOS NOPALES:

4	tazas de agua
4	cáscaras de tomate verde, limpias
½	cebolla mediana, cortada
3	dientes de ajo sin piel
6	nopales medianos, cortados en mandolina en tiras delgadas
1½	cucharaditas de sal o al gusto

PARA LOS HUEVOS:

16	cucharaditas de aceite de oliva
16	huevos frescos a la temperatura ambiente
	Sal al gusto

PARA PREPARAR EL MOLE:

Precaliente un comal durante 20 minutos a fuego mediano. Lave, seque y ase ligeramente los chiles por ambos lados. Rocíe con un poco de aceite para que se aromaticen más. Retírelos, páselos a un recipiente, recúbralos con un poco de agua. Remójelos durante 20 minutos. Mientras cocine en una cacerola, a fuego mediano con 1 taza de agua los jitomates. Remuela los chiles remojados junto con los jitomates cocidos, la cebolla, el ajo crudo con el agua donde se remojaron los chiles. Cuélelos o déjelos sin colar.

En una cacerola ponga el aceite a calentar, fría las cebollas, sazónelas; caramelícelas. Vierta el mole y sazónelo. Cocínelo a fuego mediano hasta que empiece a reducir. En caso de que quede muy espeso añada otro poco de agua caliente. Rectifique la sazón.

PARA PREPARAR LOS CHAYOTES:

En una cacerola ponga el agua. Sazone con el azúcar y la sal. Incorpore los chayotes rebanados en mandolina y cocínelos durante 8-10 minutos o hasta que estén tiernos. Rectifique la sazón.

PARA PREPARAR LOS NOPALES:

En una cacerola ponga el agua a hervir. Sazone con un poco de sal. Agregue las cáscaras de tomate, la cebolla, los dientes de ajo y los nopales, cocine durante 25 minutos o hasta que estén suaves. Vuelva a rectificar la sazón. Retire los nopales, escúrralos en una canasta de palma para que se les corte la baba. Combine las verduras, caliéntelas a la hora de servir.

PARA PREPARAR LOS HUEVOS:

Precaliente 4 sartenes con teflón, ponga las cucharaditas de aceite de oliva y un poco de sal. Rompa dos huevos, déjelos caer con cuidado a un plato hondo o directamente a la sartén. Cocine los huevos y vuelva a sazonarlos. Tape la sartén. Continué su cocción hasta que cuajen. Retírelos con cuidado con la ayuda de una espátula; haga el resto en las demás sartenes.

PRESENTACIÓN:

Precaliente platos extendidos y sirva los huevos estrellados, recubra con el mole ligero; al centro y a un costado ponga en montoncito los nopales y los chayotes. Sírvalos de inmediato.

VARIACIONES:
- Acompañe los huevos con frijoles de la olla y tortillas tostadas con chayotes y nopales asados.
- Sirva con salsa de molcajete roja o verde.
- Sirva los huevos estrellados con caldillo de jitomate.
- Prepare los huevos con más aceite de oliva o báñelos con aceite con chile de árbol frito o con rebanaditas de ajo sofritas en el aceite de oliva con sal.

NOTAS:
- Lave los chiles y las verduras con un cepillo o una esponja, después desinfecte por 15 minutos. Escurra y deje orear antes de utilizarlos en la receta.
- Los chiles secos se desinfectan sólo por 5 minutos, ya que pueden perder su aroma y consistencia.
- Los huevos frescos se hunden en el agua, de lo contrario flotan.
- El aroma del huevo tendrá que ser fresco; cuando el huevo está pasado la clara es muy líquida, la yema puede traer sangre, en este caso es mejor tirarlo.

PROPIEDADES:
- Los chiles estimulan el apetito.
- El ajo fortalece encías y dientes. Reduce los efectos reumáticos.
- El chayote sirve para evitar cálculos en la vejiga, es diurético, antiácido y ayuda en los padecimientos de jaquecas constantes.
- El aceite de oliva y el nopal tienen beneficios para la salud.

ENJITOMATADAS

PARA LA SALSA DE JITOMATE:

6	tazas de agua
8	jitomates guaje medianos
½	cebolla mediana, cortada en trozos
2	dientes de ajo medianos, sin piel
3	chiles pasilla oaxaqueños ligeramente fritos o 3 chiles chipotles de lata
3	dientes de ajo medianos, sin piel
½	cebolla mediana, rebanada
½	taza de aceite de girasol
1	rebanada de cebolla
¾-1	cucharada de sal o al gusto

PARA LAS TORTILLAS:

¾	kg de masa fresca
⅓-½	taza de agua
24	tortillas recién hechas
	Chiles habaneros

PARA LA GUARNICIÓN:

1	taza de queso añejo, Cotija, Pijijiapan, fresco, de rancho o panela picado o rallado
¾	taza de cebolla finamente picada
½	taza de crema natural
½	taza de jocoque

PARA PREPARAR LAS ENJITOMATADAS:

En una cacerola ponga a hervir el agua, añada los jitomates, la cebolla en trozos, los dientes de ajo y los chiles pasilla oaxaqueños fritos en un poco de aceite. Cocine a fuego mediano de 20-25 minutos; aparte el recipiente y deje enfriar.

En la licuadora o en el procesador muela la ½ cebolla y los 3 dientes de ajo crudos junto con el resto de los ingredientes cocidos y un poco de sal.

En una sartén profunda caliente el aceite y dore la rebanada de cebolla. Sazone con un poco de sal. Retírela, vierta la salsa; cocínela durante 25-30 minutos o hasta que suelte su grasita. Rectifique la sazón.

Introduzca cada una de las tortillas recién hechas en la salsa caliente y dóblelas en forma de quesadilla.

PARA PREPARAR LAS TORTILLAS:

En un recipiente ponga la masa y mézclela poco a poco con el agua necesaria; continúe amasándola hasta obtener una consistencia tersa, suave y no pegajosa. Tápela con un lienzo y déjela reposar durante 10 minutos.

Forme bolitas de 1 ó 1½ cucharadas. Prepare la máquina con dos plásticos y presione zigzagueando con la máquina para dejar una tortilla pequeña de 8-10 cm de diámetro. Sobre una charola con un lienzo ligeramente húmedo vaya poniendo las tortillas. Caliente un comal y engráselo ligeramente para que no se peguen las tortillas. Cueza las tortillas de un lado y otro hasta que esponjen. Páselas a una servilleta.

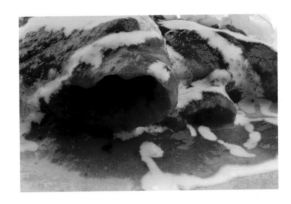

PRESENTACIÓN:

En platos extendidos calientes vierta un poco de salsa para hacer una base ligera, doble las tortillas por la mitad en forma de medias lunas, coloque una tortilla y salséela; acomode otra tortilla en sesgo y otra sobrepuesta. Cubra con la salsa.

Rocíe con el queso, la cebolla y la crema mezclada con el jocoque. Sirva de inmediato.

PROPIEDADES:

- El jitomate es rico en potasio, vitaminas C y A. Es antioxidante.
- Es recomendable comer quesos en caso de raquitismo, desnutrición o anemias.
- Los quesos frescos son más digeribles, bajos en grasas y calorías, como el panela.
- La crema contiene mayor concentración de grasas y vitaminas A y D.
- El jocoque ayuda a la digestión.
- El aceite de girasol contiene vitamina E, reducen los niveles de colesterol.

VARIACIONES:

- En un platón extendido acomode las enjitomatadas y salpíquelas con queso rallado, cebolla finamente picada y crema natural. Sírvalas bien calientes.
- Acompáñelas con queso oaxaqueño deshebrado.
- Sirva con tasajo o carne a la tampiqueña.
- Rellene las enjitomatadas con huevo revuelto.
- Sirva la salsa y acompañe con huevos fritos o revueltos.
- Las puede preparar también con chile morita o chipotle meco o chile seco.
- Sirva la salsa y acompañe con huevos fritos, poché o revueltos.
- Utilice la salsa para bañar los taquitos de pollo o de carne deshebrada.
- Acompañe la salsa con gorditas, memelas o chilaquiles.
- Sirva con carne asada, pollo a las brasas.
- Agregue unos chipotles asados o fritos para darle un sabor ahumado.

NOTAS:

- Lave las verduras con un cepillo o una esponja, después desinfecte por 15 minutos. Escurra y deje orear antes de utilizarlas en la receta.
- Los chiles secos se desinfectan sólo por 5 minutos, ya que pueden perder su aroma y consistencia.
- Si se deja el jitomate a temperatura ambiente y se madura cerca de una ventana tendrá mejor sabor.

JITOMATES
CON ATÚN

PARA EL ATÚN:

30   g [1 oz] sal gruesa de mar
50   g [1¾ oz] pimienta negra martajada
50   g [1¾ oz] pimienta gorda martajada
300 g [¾ lb] lomo de atún

PARA LA GUARNICIÓN:

Aceite al ajo
½   taza de aceite de oliva
3   dientes de ajo medianos, sin piel, asados
8   pimientas gordas

Aceite a la albahaca
½   taza de aceite extra virgen
½   taza de hojas de albahaca limpias, secas
     y oreadas sin humedad

Aceite de chile
½   taza de aceite de semilla de uva
10   chiles de árbol sin rabito,
     ligeramente tostado
½   taza de aceite de oliva extra virgen

PARA LOS JITOMATES:

16   jitomates de riñón o jitomates guajes
     pequeños, cortados ligeramente
     por encima

PARA PREPARAR EL ATÚN:

En un recipiente mezcle la sal con las pimientas martajadas. Extienda el plástico adherible sobre una superficie. Esparza la mezcla de la sal con las pimientas y ponga el lomo de atún encima, séllelo rodándolo varias veces para que se incrusten bien las pimientas y la sal. Envuélvalo con el plástico adherible de manera que quede bien apretado. Congélelo durante la noche o por un día. Descongélelo sobre hielo durante 4-6 horas. Retírelo del refrigerador y repóselo 10 minutos, déjelo a la temperatura ambiente y corte en rebanadas de ½ cm [⅕ in].

PRESENTACIÓN:

En platos alargados o en un platón coloque los jitomates riñón o guajes; encima rocíe con el aceite de oliva preparado y sobre el jitomate ponga la rebanada de atún. Adorne por un costado con el aceite de oliva y sírvalos.

VARIACIÓN:

- Cure con las pimientas y la sal un lomo de salmón, robalo o mero.

NOTAS:

- El atún deberá tener un color rojo profundo.
- El pescado tendrá que tener la carne firme y ojos brillantes; lávelo, escúrralo y séquelo.
- Lave las verduras con una esponja, después desinfecte por 15 minutos. Escurra y deje orear antes de utilizarlas en la receta.
- Los chiles secos se desinfectan sólo por 5 minutos, ya que pueden perder su aroma y consistencia.
- Después de lavar y desinfectar la albahaca deberá secarse y orearse para que no quede húmeda, ya que la humedad de la hoja crea hongos en el aceite.

PROPIEDADES:

- El jitomate contiene vitamina C. Revitaliza los tejidos internos.
- La sal previene la aparición de calambres musculares, ayuda a la absorción de los nutrientes en el intestino. Mantiene el equilibrio en el cuerpo. Debe consumirse con moderación.
- La pimienta estimula la digestión, ayuda a tratar enfermedades de la piel. Es un conservador natural.
- El atún es importante para mantener una buena visión. Ayuda a que la piel y el cabello permanezcan saludables. Promueve el desarrollo de huesos y dientes, protege el esmalte dental. Fortalece el sistema inmunológico.
- El aceite de oliva ayuda a eliminar el colesterol. Previene las enfermedades cardiovasculares, asmáticas, biliares, artritis, digestivas y degenerativas.
- El aceite de semilla de uva es antioxidante. Ayuda a restablecer la salud. Es recomendable ingerirlo crudo.

CALLO ESTILO
TUXPEÑO

PRESENTACIÓN:

1.200 kg [40 oz] de callo de garra de león fresco, cortado en cuadritos pequeños

PARA LA MARINADA:

2½   tazas de jugo de limón sin semilla
2½   tazas de vinagre de yema de vino o de jerez
24   cucharadas de cebolla medianamente picada
½   cucharada de pimienta negra recién molida o al gusto
1½-2 cucharadas de sal o al gusto

PARA PREPARAR EL CALLO:

Prepare un recipiente hondo con hielo, de preferencia de metal para que mantenga el frío. Encima coloque otro más pequeño. Corte con un cuchillo filoso el callo de hacha en cuadros pequeños de ½ cm [⅕ in], páselos al recipiente y refrigérelos durante 1 hora antes de servirlos.

PROPIEDADES:
- Los moluscos tienen alta cantidad de proteínas y vitaminas B6, B12 y E, magnesio y potasio. Consúmalos moderadamente.

PARA PREPARAR LA MARINADA:

En un recipiente de cristal combine el jugo, el vinagre, la cebolla. Sazone con la pimienta y la sal. Retire el recipiente con los callos del refrigerador, agregue la marinada y mezcle bien. Rectifique la sazón. Regréselos al refrigerador y déjelos durante 8-10 minutos o hasta que se empiecen a blanquear.

PRESENTACIÓN:

En 8 vasos old fashion sirva el callo con su marinada. Acompañe con salsas picantes, galletas, totopos tostados o asados con sal.

CAMARONES
PARA PELAR

PARA LOS CAMARONES:

6	tazas de agua
1½	cucharadita de semillas de achiote ligeramente asadas
2	cucharadas de sal gruesa
1	cabeza de ajo partida por la mitad
1	cebolla mediana, partida por la mitad
6-8	camarones barbones grandes, sin pelar, por persona

PARA LA GUARNICIÓN:

4	tazas de hielo
12	limones chicos, partidos por la mitad
	Salsa Cholula, Valentina o de chile habanero
1	cucharadita de sal gruesa

PARA PREPARAR LOS CAMARONES:

En una cacerola grande ponga a hervir el agua hasta que suelte el hervor fuerte. Mientras tanto precaliente la sartén durante 3 minutos a fuego mediano. Retire del fuego. Afuera incorpore las semillas de achiote, sacúdalas de un lado y otro para que suelten la esencia. Agréguelas al agua hirviendo junto con la sal gruesa, la cabeza de ajo y la cebolla; cuando vuelva a hervir añada los camarones lavados; al primer hervor fuerte apáguelos, déjelos reposar durante 6-8 minutos. Escúrralos y sírvalos.

PRESENTACIÓN:

Refrigere recipientes de cristal durante 15 minutos, y en cada uno coloque los hielos, los camarones junto con los limones y la sal gruesa; acompáñelos con las salsas picosas.

VARIACIONES:
- Hierva los camarones barbones durante 4 minutos.
- Cocine camarones U 12 o 16, abiertos en mariposa, con cáscara y desvenados.
- Repóselos durante 1 minuto donde se cocinaron y despues páselos en agua con hielos durante 5 minutos.

NOTAS:
- Lave las verduras con un cepillo o una esponja, después desinfecte por 15 minutos. Escurra y deje orear antes de utilizarlas en la receta.
- El camarón debe estar fresco con su cáscara firme y con olor a mar.
- Lave los camarones antes de utilizarlos en la receta.

PROPIEDADES:
- El camarón es una excelente fuente de proteínas, selenio, vitamina B12 y fósforo.
- Consúmalo moderadamente.

SASHIMI
DE HUACHINANGO

PARA EL PESCADO:

8	huachinangos de 450 g [1 lb] solamente sacar los filetes sin piel
16	cucharadas de jugo de limón recién exprimido

PARA LA GUARNICIÓN:

2 a 3	chiles serranos finamente picados
12	cucharadas de cebolla finamente picada
6	cucharadas de jitomate finamente picado
	Salsas picantes para cóctel de chipotle, chile de árbol o de habanero al gusto
	Aceite de oliva o extra virgen al gusto
1-1½	cucharadas de sal o al gusto

PARA PREPARAR EL PESCADO:

Limpie los filetes, retíreles la piel, revise que no tengan espinas. Una los filetes a la inversa y enróllelos. Envuélvalos con plástico adherible, forme un rollo apretado y congélelos sobre una charola durante 6-12 horas. Retírelos del congelador 20 minutos antes de servir. Con un cuchillo filoso corte rebanadas delgadas de ½ cm [⅕ in] o un poco más gruesas salen aproximadamente 9 rebanadas de cada pescado.

PARA PREPARAR LA GUARNICIÓN:

Pique todos los ingredientes.

PRESENTACIÓN:

En platos fríos alargados, redondos, ovalados, profundos o de cristal. Ponga en cada plato 9 rebanadas de pescado preparado en sashimi entrelazándolas cada una. Báñelas con 2 cucharadas de limón, sazone con un poco de sal. Continúe con el resto. Salpique cada plato preparado con ½ cucharadita de chile, 1½ cucharadas de cebolla, 2 cucharadas de jitomate; rocíe con las salsas picantes, el aceite de oliva y vuelva a sazonar. Acompañe con totopos, tostadas de tortilla o galletas saladas.

VARIACIÓN:
- Prepare el sashimi con robalo, sierra, salmón, cabrilla o atún.
- Acompañe con salsa de soya y aceite de ajonjolí.
- Sirva con totopos fritos cortados en triángulos, en cuadros o en forma de tostada.
- Acompañe con aguacate cortado en rebanadas muy delgadas.

NOTAS:
- El pescado tendrá que tener la carne firme y ojos brillantes.
- Lave los chiles y las verduras con un cepillo o con esponja, después desinfecte por 15 minutos. Escurra y deje orear antes de utilizarlos en la receta.

PROPIEDADES:
- El pescado da beneficios porque contiene ácido omega 3, su consumo disminuye riesgos de enfermedades del corazón y degenerativas.
- Al limón se le atribuyen propiedades antiinflamatorias, antioxidantes y protectoras de los vasos sanguíneos.
- La cebolla combate la diabetes. Sus enzimas favorecen la fijación de oxígeno en las células, ayuda en la función respiratoria y a la circulación.
- La cebolla contiene proteínas, potasio, selenio, vitaminas B12 y B6, niacina y fósforo.

SUSPIROS
DEL MAR

PARA EL CALDO:

3	tazas de agua embotellada
1	cabeza de ajo chica, partida por la mitad
½	cebolla mediana, cortada en trozos
½	poro chico, cortado en trozos
3	cucharadas de semilla de achiote
½	cucharadita de pimienta negra entera
¼	cucharadita de pimienta blanca entera
½-¾	cucharada de sal de grano

PARA LOS MARISCOS:

4	langostinos grandes, limpios
8	camarones 16/20 limpios, desvenados

PARA LA GELATINA:

1	taza de agua fría
10	láminas de grenetina (gelatina)

PARA LA GUARNICIÓN:

8	cucharaditas de cebolla morada cortada en cuadritos pequeños
8	cucharaditas de pepino sin piel, cortado en cuadritos pequeños
8	cucharaditas de jitomate sin semilla, cortado en cuadritos pequeños
4	cucharaditas de jugo de limón fresco
2	cucharaditas de aceite de oliva extra virgen

VARIACIÓN:

- Sirva los suspiros del mar con langosta, con caviar o sashimi.
- Acompañe los suspiros del mar con tortilla asada al horno rociada con aceite de oliva, y salpicada con orégano y chile piquín.

NOTAS:

- Lave las verduras con un cepillo o una esponja, después desinfecte por 15 minutos. Escurra y deje orear antes de utilizarlas en la receta.
- Los langostinos deben estar frescos con olor a mar. Su consistencia debe ser firme.
- Lave los langostinos.
- En un recipiente de cristal ponga el agua, sumerja las láminas de grenetina y déjelas hasta que se suavicen.

PROPIEDADES:

- Los langostinos son ricos en vitamina B12, fósforo, calcio y yodo. Conviene ingerirlos frescos porque mantienen mejor sus propiedades nutritivas y sabor que los congelados.
- El consumo de langostinos debe ser moderado.
- El ajo es antiviral, antibacterial y depurativo. Ayuda a reducir la presión arterial y el colesterol.

PARA PREPARAR EL CALDO:

En una cacerola mediana ponga el agua a hervir, incorpore la cabeza de ajo, la cebolla, el poro, el achiote, las pimientas y la sal de grano. Deje que se infusione y aromatice el agua durante 20 minutos. Incorpore los langostinos, cocínelos durante 2 minutos; añada los camarones, continúe su cocción durante 1 minuto. Tape la cacerola, deje reposar los mariscos durante 3-4 minutos. Cuele los mariscos y córtelos en rebanadas pequeñas minutos antes de servir. Cuele el caldo y hiérvalo a fuego fuerte. Retírelo e introduzca la grenetina hidratada. Muévala constantemente hasta que se disuelva. Mientras, prepare un refractario chico y embárrelo con aceite. Vierta la grenetina disuelta y refrigérela en el congelador para que cuaje más rápido durante 50 minutos-1 hora.

Retire la gelatina cuajada y rállela con un tenedor para que le quede como hielo frappé.

PRESENTACIÓN:

En 8 vasitos chaser ponga la base de la gelatina frappé; adorne cada vaso con ½ cucharadita de cebolla, 1 cucharadita de pepino, 1 cucharadita de jitomate, un camarón y el medio langostino cortados en rebanadas. Antes de servir bañe con gotas de limón junto con el chorrito de aceite extra virgen y sírvalo de inmediato.

TOSTADAS DE COMAL
CON MACHACA DE CAMARÓN A LA MEXICANA

❧ PARA 8 PERSONAS

16   tortillas pequeñas cortadas de 7½ cm [3 in] de diámetro
⅓   taza de agua
1½   cucharaditas de sal

PARA LA MACHACA DE CAMARÓN:

¼   taza de aceite de oliva, de maíz o de girasol
3   cucharadas de mantequilla a temperatura ambiente
¾   taza de cebolla mediana, finamente picada
3-4 chiles serranos chicos, sin rabito, finamente picados
4   jitomates guajes medianos, finamente picados

½   kg [1 lb] de camarones 16/20 sin caparazón, desvenados, medianamente picados
¼-½ cucharadita de pimienta negra o al gusto
½   cucharadita de sal o al gusto

PARA LA SALSA MEXICANA:

½   taza de cebolla mediana, finamente picada
3   chiles serranos chicos, sin rabito, finamente picados
3-4 jitomates guajes medianos, finamente picados
½   limón chico, su jugo
½-¾ cucharadita de sal o al gusto

PARA PREPARAR LAS TORTILLAS:

Corte las tortillas con un cortador redondo de 7½ cm [3 in]; en un recipiente de cristal mezcle el agua con la sal y barnice las tortillas con la ayuda de una brocha. Precaliente un comal a fuego mediano, tueste las tortillas de un lado y otro, con la ayuda de unas pinzas o espátula, voltéelas hasta que estén crujientes y tostadas.

PARA LA MACHACA DE CAMARÓN:

Precaliente una sartén extendida o un wok durante 10 minutos, agregue un poco de agua hasta que se evapore o retírela. Regrese la sartén al fuego para que obtenga una temperatura alta; vierta el aceite y la mantequilla; añada la cebolla y sazone con un poco de sal. Cocínela hasta que caramelice un poco. Agregue los chiles, saltéelos. Vuelva a sazonar. Añada los jitomates, cuando suelten su jugo incorpore los camarones. Cocínelos a fuego fuerte hasta que estén tiernos y no resecos, aproximadamente de 2-3 minutos. Retire los camarones, déjelos enfriar un poco; extiéndalos en un refractario. Ya semifríos incorpore la salsa mexicana, revuélvala con cuidado.

PARA PREPARAR LA SALSA MEXICANA:

En un recipiente mezcle la cebolla con los chiles serranos, los jitomates, el jugo de limón y la sal. Rectifique la sazón. Déjela macerar durante 5 minutos.

PRESENTACIÓN:

En los platos grandes sirva las tostadas con abundante machaca de camarón.

VARIACIONES:
- Sirva el camarón preparado en un plato hondo y alrededor tostadas.
- Haga tacos con tortillas de harina.
- Sirva la machaca en un omelette de claras de huevo.
- Haga la machaca de camarón con huevos de codorniz y acompáñela con tortillas recién hechas de maíz o de harina y con frijoles de la olla.

NOTAS:
- Lave las verduras y los chiles con un cepillo o una esponja, después desinfecte por 15 minutos. Escurra y deje orear antes de utilizarlos en la receta.
- El camarón debe estar fresco con olor a mar y su carne firme.
- Retíreles la caparazón y lávelos antes de usarlos.

PROPIEDADES:
- Los jitomates son ricos en potasio y vitamina C, ayudan a regenerar los tejidos.
- El camarón contiene potasio, calcio, proteína, fósforo, selenio, zinc y vitaminas A, B12, B6 y C. Es recomendable consumirlo con moderación.

ROLLITOS DE SALMÓN
Y ARÚGULA

PARA LA VINAGRETA DE ACEITE DE OLIVA A LA PIMIENTA:

1	cucharada de comino ligeramente asado
½	taza de aceite de oliva
6	dientes de ajo chicos, sin piel
20	semillas de cilantro
15	pimientas negras enteras
¼	taza de vinagre de jerez o al gusto
½-¾	cucharadita de sal o al gusto

PARA LOS ROLLITOS DE SALMÓN:

16	rebanadas delgadas de salmón curado
16	rebanadas de queso brie de 1 cm [²⁄₅ in] de largo
48	ramitas de arúgula de hoja pequeña, fresca
16	rebanadas en mandolina de pan blanco o integral, ligeramente tostado

PARA PREPARAR LA VINAGRETA DE ACEITE DE OLIVA A LA PIMIENTA:

Precaliente una sartén honda durante 4 minutos a fuego mediano. Retírela del fuego y ase el comino fuera de la lumbre, sacúdalo para que se aromatice, apártelo. Regrese la sartén al fuego y caliente el aceite; dore ligeramente los ajos; añada las semillas de cilantro. Sazone con un poco de sal. Incorpore las pimientas y el comino. Cocine a fuego mediano para que se infusionen las especias durante 5-8 minutos. Retire el aceite infusionado, déjelo enfriar un poco. En la licuadora vierta el vinagre de jerez, sazone con el resto de la sal. Muélalo e incorpore el aceite tibio. Remuélalo durante 3-4 minutos. Rectifique la sazón.

PARA LOS ROLLITOS DE SALMÓN:

El salmón deberá estar curado y fresco, tendrá que tener un color naranja coral. El queso deberá estar por lo menos ½ hora a temperatura ambiente para que se suavice. La arúgula fresca, limpia y refrigerada, envuelta en un lienzo de tela delgada para que esté crujiente.

PRESENTACIÓN:

En una superficie coloque las rebanadas de salmón curado, ponga 3 ramitas de arúgula por lonja con 1 rebanada de queso brie y salpique con un poco de vinagreta. En platos extendidos, coloque dos lonjas semienrolladas en cada uno y báñelas con la vinagreta. Acompañe con pan rebanado en mandolina ligeramente tostado.

VARIACIONES:
- Prepare la vinagreta 2 días antes ya que potencializa su sabor.
- Para un sabor más ligero haga la vinagreta con 3 cucharadas de vinagre de jerez y si la desea con un sabor más avinagrado agregue ⅓ de taza de vinagre.
- Rellene las lonjas del salmón curado con queso crema, cebollitas de Cambray, alcaparras, perejil, jugo de limón y aceite de oliva.
- Rellene las lonjas del salmón con huevo duro de codorniz, arúgula, queso de cabra, cebollita de Cambray o cebollín, jugo de limón y aceite de oliva extra virgen.
- Rellene las lonjas del salmón con queso boursin a la pimienta y huevo revuelto tierno. Sirva con crema o jocoque y aceite de oliva.

NOTAS:
- Lave las verduras y las especias con un cepillo o una esponja, después desinfecte por 15 minutos. Escurra y deje orear antes de utilizarlas en la receta.
- El salmón curado deberá tener color coral brillante y no debe estar pálido. El salmón deberá tener olor fresco a mar.
- El salmón curado no deberá oler a pescado fuerte.
- Su textura deberá ser firme y no aguada.
- La arúgula deberá estar muy fresca, con hojas libres de plaga; su color es verde uniforme, es una verdura con un sabor picante.
- Hay arúgulas de hoja pequeñita que son las micros, de hoja mediana y grande; combine con los quesos fuertes y el parmesano. Esta verdura es de origen italiano y se come en casi todo el mundo.

PROPIEDADES:
- El salmón contiene fósforo, potasio, selenio, vitamina A y Omega 3, que son necesarios para una adecuada nutrición y protección de nuestra salud.
- La arúgula evita las enfermedades degenerativas, es antioxidante y potente estimulador de enzimas naturales del cuerpo.

TACOS
DE GUACAMOLE

PARA LA JÍCAMA:

1   jícama de agua grande, sin piel
rebanada en mandolina de 2 mm
[1/16 in] (16 rebanadas)

PARA EL RELLENO DE GUACAMOLE:

3   aguacates Hass maduros, grandes,
sin piel, finamente picados
3   cucharadas de cebollín
1   cebolla mediana, finamente picada
3   chiles verdes serranos frescos,
finamente picados
½   calabacita chica, finamente picada
½   taza de cilantro lavado, seco,
finamente picado
2   limones medianos, su jugo
Aceite de oliva
1-1½   cucharaditas de sal o al gusto

PARA EL ACEITE DE CHILE:

10   chiles serranos medianos, sin rabito
½-¾   taza de aceite de oliva puro
o extra virgen
½   cucharadita de sal

PARA EL ACEITE DE AZAFRÁN:

4   cucharadas de azafrán mexicano
limpio, asado ligeramente
½-¾   taza de aceite de oliva puro
½   cucharadita de sal

PARA PREPARAR EL GUACAMOLE:

En una tabla ponga los aguacates, el cebollín
finamente picado y la sal. Revuelva hasta que
esté bien incorporado; agregue las cebollas,
con un cuchillo pique todo; añada el chile, la
calabacita con el cilantro, vuelva a picar, combinando todo para que se integren los sabores.
Sazone con un poco de sal, limón, aceite de
oliva. Deje que quede hecho un puré espeso. Si
es necesario agregue más limón, sal y aceite de
oliva. Rectifique la sazón.

PARA PREPARAR EL ACEITE DE CHILE:

En la licuadora muela los chiles, la sal y el aceite de oliva hasta que tenga una consistencia aterciopelada. Déjelo reposar durante 1 hora, sírvalo. Si no usa todo refrigérelo.

PARA PREPARAR EL ACEITE DE AZAFRÁN:

Precaliente una sartén a fuego mediano durante 4 minutos. Retírelo del fuego, introduzca el azafrán, sacúdalo para que se ase ligeramente. Páselo a la licuadora, sazónelo y vierta el aceite. Muélalo. Déjelo reposar durante 1 hora. Sírvalo. Si no usa todo refrigérelo.

PRESENTACIÓN:

Refrigere 8 platos semihondos grandes. En una superficie extendida y sobre un lienzo de tela limpio ponga las rebanadas de jícama, rellénelas con 2-3 cucharadas del guacamole. Enróllelas. Coloque al centro de cada plato un taco de jícama; adorne con el aceite de chile en forma de línea adelante y detrás; encima bañe con el aceite de azafrán. Sírvalos de inmediato, los restantes colóquelos en un platón grande, adórnelos con los aceites.

VARIACIONES:
- Agregue aceite de cebollín.
- Rellene los tacos de jícama con camarones, surimi y el guacamole.
- Enfríe los platos hondos grandes, coloque al centro los 2 tacos de jícama y de un lado el medio taco encima de un poco de guacamole y póngale dos ramitas de cebollín. Decore con los aceites en una mamila y rocíelos a un lado.

NOTAS:
- Lave las verduras con un cepillo o una esponja, después desinfecte por 15 minutos. Escurra y deje orear antes de utilizarlas en la receta.
- El aguacate Hass tiene la piel hendida, cuando no está maduro es verde y cuando se madura su piel es negra. Si compra los aguacates verdes envuélvalos en periódico para que se vayan madurando, póngalos en un lugar caliente de la cocina hasta que estén en su punto.

PROPIEDADES:
- El aguacate contiene vitaminas E y D, una alta cantidad de azúcares simples naturales, minerales y fibra. Es rico en potasio, calcio, magnesio y manganeso.
- Su consumo es recomendable para la digestión y ayuda en el control de la presión sanguínea.

JITOMATES AL QUESO OAXACA DESHEBRADO

PARA EL ACEITE DE ALBAHACA:

1	taza de hojas de albahaca limpias y secas
1	taza de aceite de oliva
1	cucharadita de sal

PARA LOS JITOMATES:

24	jitomatitos cherry medianos
½	cucharadita de pimienta recién molida
1	cucharadita de sal

PARA LA GUARNICIÓN:

250	g [½ lb 1 oz] de queso Oaxaca, deshebrado como hilo o al gusto
48	hojitas de albahaca pequeñas, limpias, secas y refrigerada

PARA PREPARAR EL ACEITE DE ALBAHACA:

Lave y seque las hojas de albahaca; deberán estar secas, sin tener humedad, ya que si tienen agua se contamina el aceite. En la licuadora ponga las hojas de albahaca junto con la sal y el aceite. Remuela durante 3 minutos todo hasta dejar un aceite homogenizado. Retírelo de la licuadora y páselo a una mamila.

PARA PREPARAR LOS JITOMATITOS:

Corte los jitomatitos por la mitad, sin llegar a separarlos para poder rellenarlos, rocíelos con pimienta y sal

PRESENTACIÓN:

En platos extendidos rectangulares ponga los jitomatitos, rellénelos con una porción de queso y adórnelos con las hojas de albahaca y el aceite de albahaca en forma de línea. Sírvalos de inmediato.

VARIACIONES:
- Rellene los jitomatitos con queso de cabra o salmón curado. Adórnelos con ensalada de pollo.
- Rellene los jitomatitos con sashimi de robalo. Adorne con unas gotas de salsa de soya y cebollín.
- Adorne con camarones cocidos en la plancha al aceite de albahaca.

NOTAS:
- Lave las verduras con un cepillo o una esponja, después desinfecte por 15 minutos. Escurra y deje orear antes de utilizarlas en la receta.
- Los jitomatitos cherry deberán tener una consistencia firme. Manténgalos en refrigeración.

PROPIEDADES:
- Los jitomatitos contienen vitamina C, así como betacarotenos y potasio. Ayudan a la formación de tejidos.
- La albahaca ayuda a la digestión, es un tranquilizante natural, calma los cólicos estomacales y la indigestión.

TACOS CRUJIENTES
DE LECHUGA

PARA LAS PECHUGAS:

4	tazas de agua
½	cebolla cortada en cuarterones
4	dientes de ajo sin piel
½	cucharadita de pimienta negra entera
½	cucharada de sal o al gusto
2	pechugas de pollo medianas, enteras con hueso, sin piel

PARA LA GUARNICIÓN:

1	taza de aceite de girasol o de maíz
8	tortillas medianas, cortadas en juliana casi como hilos
24	hojas de lechuga romana crujientes
24	cucharadas de jitomate picado
24	cucharadas de cebolla picada
4	chiles serranos sin rabito, finamente picados
24	cucharadas de crema natural
24	cucharadas de queso Cotija finamente rallado

PARA PREPARAR LAS PECHUGAS:

En una cacerola ponga el agua, añada la cebolla cortada, los dientes de ajo, la pimienta negra y la sal; deje que hierva. Incorpore las pechugas de pollo con hueso. Cocínelas durante 35 minutos a fuego mediano. Apártelas del fuego y déjelas enfriar en el líquido donde se cocinaron. Retírelas, deshébrelas finamente. Rocíe un poco de caldo y salpique con sal. Refrigere las pechugas durante 40 minutos.

PARA PREPARAR LA GUARNICIÓN:

En una cacerola profunda, vierta el aceite vegetal; caliéntelo a fuego mediano. Agregue las tortillas, fríalas hasta que estén crujientes y doradas. Retírelas, escúrralas y salpíquelas con sal. Deshoje la lechuga romana (vea el procedimiento de lavado de lechuga en la pág. 51). En un refractario ponga agua con hielos e introduzca las hojas de la lechuga; déjelas reposar durante 30 minutos en el refrigerador. Cuando estén crujientes retírelas, escúrralas y séquelas

PRESENTACIÓN:

En cada plato ponga una hoja de lechuga crujiente y adórnela con la pechuga de pollo deshebrada por un lado, atrás ponga las tortillas fritas, a los costados coloque la cebolla picada junto con el jitomate, el chile, la crema natural y el queso Cotija. El resto de las lechugas prepárelas de la misma forma y salpíquelas con un poco de sal.

VARIACIONES:

- Ponga aparte las hojas de lechuga, el pollo, el jitomate, la cebolla y el chile y haga los tacos al gusto.
- Acompañe los tacos de lechuga con tortillas recién hechas.
- Sirva los tacos con pulpa de ternera, falda de res o venado cocidos con cebolla, ajo y sal; deshebre la carne.
- Sirva con salsa mexicana con limón y orégano o salsa de xoconostle con tomatillo de milpa y chiles chipotle meco, pasilla oaxaqueño, mora o morita con ajo asado.
- Acompañe con chiles curtidos, manzanos al limón, cebolla morada, sal y orégano.

NOTAS:

- Lave las verduras con un cepillo o una esponja, después desinfecte por 15 minutos. Escurra y deje orear antes de utilizarlas en la receta.
- Lave las pechugas, escúrralas y séquelas antes de utilizarlas en la receta.

PROPIEDADES:

- El pollo es una excelente fuente de proteína.
- Es un alimento que nos proporciona energía y un soporte para la función digestiva.
- La lechuga contiene vitaminas A y C, ácido fólico y potasio. Calma y refresca. Ayuda al aparato digestivo y a los espasmos bronquiales. Es un diurético.

ENSALADA
MIXTA

PARA LA VINAGRETA:

3	dientes de ajo sin piel, fnamente picados
2	echalotes finamente picados
8	cucharadas de jugo fresco de limón
½	taza de aceite de oliva puro, extra virgen o aceite de semilla de uva
2	cucharaditas de pimienta negra recién molida
1-1½	cucharaditas de sal o al gusto.

PARA LA ENSALADA:

4	corazones de lechuga baby limpias, secas, refrigeradas
1	lechuga sangrita limpia, seca, refrigerada
1	lechuga francesa limpia, seca, refrigerada
2	tazas de arúgula limpia, seca, refrigerada
1	taza de hojas de perejil
1	taza de hojas de albahaca cortadas con la mano, en pequeños trocitos
½	taza de hojas de menta fresca, limpia y seca
1	aguacate maduro, rebanado o picado
8	cucharaditas de semillas de girasol ligeramente tostadas.

PARA PREPARAR LA VINAGRETA:

En un recipiente hondo de cristal ponga el ajo picado, el echalote, el jugo de limón, la pimienta y la sal. Mezcle todo con la ayuda de un globo e incorpore poco a poco el aceite, bátalo hasta dejar emulsionada la vinagreta. Rectifique la sazón. Refrigérela durante 1 hora en la parte más baja del refrigerador.

PARA PREPARAR LA ENSALADA:

Seleccione las hojas de lechuga, que no estén maltratadas y libres de plagas, lávelas y desinféctelas. Escúrralas y páselas a una centrífuga. Envuélvalas en un lienzo de manta de cielo, y refrigérelas durante 3-4 horas para que las lechugas estén bien crujientes. Haga lo mismo con el perejil, la albahaca y las hojas de menta. Envuélvalas en otro lienzo de manta de cielo. Antes de servir en un recipiente hondo, ponga las lechugas y mézclelas con las hierbas. Con un poco de la vinagreta moje ligeramente las lechugas y las hierbas; con la ayuda de 2 tenedores mezcle todo.

PRESENTACIÓN:

Enfríe los platos hondos o cuadrados, coloque un montón de la ensalada. Adorne con el aguacate, las semillas de girasol y otro poco de la vinagreta. Sírvala de inmediato. El resto de la ensalada póngala en un platón.

VARIACIONES:
- Sirva la ensalada con pan integral y mantequilla al ajo.
- Acompañe con pan integral cortado muy delgado y tostado.
- Sirva la ensalada con queso roquefort, queso feta, queso fresco o queso Pijijiapan.
- Acompáñela con salmón curado.

NOTAS:
- Lave las verduras con un cepillo y las lechugas con una esponja, después desinfecte por 15 minutos. Escurra y deje orear antes de utilizarlas en la receta.
- Las lechugas deberán estar crujientes, esto dependerá del manejo previo.
- Las lechugas y hierbas se tendrán que desinfectar bien para evitar algún malestar.

PROPIEDADES:
- La menta por sus propiedades antioxidantes previene la aparición de las cataratas. Es un tranquilizante, calmante. Sus propiedades bactericidas resultan adecuadas para eliminar las bacterias causantes de la halitosis.
- El aguacate fortalece los huesos, mejora la visión, evita la formación de gases intestinales y tiene efectos beneficiosos en resfriados, catarros, jaquecas, neuralgias.
- La semilla de girasol es muy rica en proteínas, vitaminas (B1 y E) y minerales (magnesio, fósforo, hierro, cobre), sin olvidar su importante nivel en hidratos de carbono y fibra.
- Las espinacas son fuente de energía, mejoran la calidad de la sangre y tienen propiedades anticancerígenas.

ENSALADA
AL QUESO ROQUEFORT
Y VINAGRETA DE PERA

PARA 8 PERSONAS

PARA LA PERA:

½	taza de vino tinto
3	cucharadas de azúcar
2	peras mantequilla sin piel, sin semillas, cortadas en pequeños trozos

PARA LA VINAGRETA DE PERA:

½	taza de vinagre de yema o de jerez
⅓	taza de vinagre balsámico
½	cucharadita de pimienta negra recién molida
8	pimientas gordas recién molidas
3	cucharaditas de azúcar
¾	cucharada de sal

PARA LAS LECHUGAS:

40   hojas de lechuga orejona limpias,
     refrigeradas
320 g [11oz] de queso roquefort
     cortado en trocitos

PARA PREPARAR LA PERA:

En un recipiente ponga el vino tinto, junto con
el azúcar hasta que hierva. Incorpore las peras
cortadas, cocínelas a fuego mediano hasta que
se caramelicen; deje enfriar un poco. Agregue
a las peras caramelizadas, la sal, el azúcar, los
vinagres. Muela la vinagreta. Incorpore las pimientas negras y gordas, remuélala hasta obtener una consistencia cremosa. Rectifique la
sazón.

PRESENTACIÓN:

En platos extendidos ponga 5 hojas de lechuga entrelazadas (unas encima de otras). Salsee
con la vinagreta y adorne con el queso roquefort en trocitos.

PROPIEDADES:
• Las lechugas son refrescantes, aperitivas
  y estimulantes de la digestión. Regeneran
  los tejidos y purifican la sangre.
• El vino es un equilibrante nervioso,
  digestivo, diurético, remineralizante,
  bactericida, antialérgico y actúa
  en el sistema cardiovascular.
• El azúcar proporciona la energía
  que nuestro organismo necesita para el
  funcionamiento de los diferentes órganos,
  como el cerebro y los músculos.
• La pera es antianémica, diurética
  y laxante. Elimina el ácido úrico,
  es depurativa, astringente, levemente
  sedante y evita la acidez estomacal.
• El vinagre es un conservador, calma
  los músculos adoloridos, actúa contra las
  hinchazones de la piel provocada
  por las picaduras de insectos y quemaduras.
  Retira el ardor de las manos causado por
  el chile.
• El queso roquefort es energético, contiene
  calcio, vitamina A y alto contenido en sodio.

ENSALADA
DE LECHUGAS TIERNAS
CON BETABEL

PARA 8 PERSONAS

PARA LAS LECHUGAS:

1	lechuga orejona limpia, cortada
2	lechugas sangrita limpias, cortadas

PARA EL BETABEL:

3	tazas de agua
2	betabeles grandes, limpios, sin piel
1	cucharadita de azúcar
¼	taza de vinagre balsámico + 1 cucharadita
¾	taza de aceite de oliva puro o extra virgen
¾-1	cucharadita de sal o al gusto

PARA LA GUARNICIÓN:

240 g [9 oz] de queso de cabra desmoronado o en trocitos

PARA PREPARAR LAS LECHUGAS:

Lave y desinfecte las lechugas, escúrralas y páselas a una centrifuga para secarlas. Retírelas, envuélvalas en un lienzo de manta de cielo y refrigérelas durante 3-4 horas. (En caso de que se dejen toda la noche métalas con el lienzo en una bolsa de plástico). Retire del refrigerador unos minutos antes de servir para que las lechugas estén crujientes.

PARA PREPARAR EL BETABEL:

En una cacerola ponga el agua a calentar con el azúcar y la sal, deje que suelte el hervor; incor-pore los betabeles, cocínelos hasta que estén suaves. Déjelos enfriar durante 10 minutos. Retírelos, rebánelos en ruedas de ½ cm [⅕ in] y córtelos en cuadritos de ½ cm [⅕ in]. Pase los betabeles cortados a un recipiente de cristal. En otro recipiente ponga el vinagre balsámico, sazone con la sal e incorpore por goteo el aceite, bátalo poco a poco para emulsionar la vinagreta. Vierta la vinagreta sobre los betabeles aún tibios, revuélvalos y déjelos marinar durante ½ hora o refrigérelos durante 1 hora.

PRESENTACIÓN:

En platos extendidos o semihondos ponga una parte de la lechuga en un montoncito, deje caer los betabeles en cuadritos; rocíe con un poco de la vinagreta y el jugo que soltaron los betabeles; ponga otro tanto de lechuga y adorne con el betabel; rocíe con la vinagreta; decore encima y al lado con el queso de cabra desmoronado.

VARIACIONES:

- Haga la ensalada con lechugas orgánicas, berros o con arúgula micro.
- Agregue pimiento amarillo picado.
- Añada nueces rostizadas.
- Incorpore jamón serrano en trocitos.

NOTAS:

- Lave las verduras con un cepillo y las lechugas con una esponja, después desinfecte por 15 minutos. Escurra y deje orear antes de utilizarlas en la receta.
- Las lechugas deberán estar sanas, sus hojas con vida, color profundo y frescas, busque productos orgánicos o regadas con agua de pozo.
- Lave y desinfecte aun las ensaladas que estén listas para usar.

PROPIEDADES:

- El betabel tiene muchas propiedades nutritivas, es muy bueno para purificar la sangre y contrarrestar afecciones del hígado. Actúa como tónico en la anemia.
- El vinagre balsámico era antiguamente usado como medicina o remedio contra el reumatismo.
- El queso de cabra posee un valor nutritivo superior al de los quesos elaborados con leche de vaca, contiene proteínas, fósforo y vitamina D.

ENSALADA
ESTILO PEROTE

PARA LA ENSALADA:

4   papas grandes cocidas, cortadas en rebanadas de ½ cm [⅕ in] de grueso

4   cucharadas de vinagre

4   cucharadas de aceite

1½ cucharaditas de pimienta recién molida

¾   cucharada de sal o al gusto

16 hojas de acelga ligeramente cocidas

½   taza de aceite de oliva

2   cebollas medianas fileteadas

3   manojos de quelites tiernos, limpios

4   chipotles curtidos, macerados en vinagre, cortados en rajitas

½-¾ cucharadita de sal o al gusto

PARA LA GUARNICIÓN:

16 rebanadas de queso doble crema o panela

16 rebanadas de aguacates maduros

3   chiles chipotles en adobo, cortados en tiritas

PARA PREPARAR LA ENSALADA:

En una cacerola ponga a cocer las papas en suficiente agua con sal, déjelas enfriar un poco, retíreles la piel y córtelas en rebanadas de ½ cm [⅕ in]; en un recipiente mezcle el vinagre, el aceite de oliva, la sal y la pimienta, bañe las papas. Marínelas durante 1 hora. En otra cacerola caliente el agua, agregue la sal, cuando hierva a borbotones meta una por una las hojas de acelga, cocínelas durante 1 minuto y escúrralas. Precaliente una sartén, vierta el aceite; acitrone las cebollas fileteadas e incorpore los quelites, saltéelos. Sazone con la sal y agregue los chipotles en rajitas. Rectifique la sazón.

PRESENTACIÓN:

En platos extendidos y fríos coloque al centro un aro de 6-8 cm de diámetro, ponga una capa en 3 rebanadas de las papas, el queso cortado, encima un timbal con las acelgas cocidas y por último los quelites salteados; en un costado adorne con 2 rebanadas de aguacate y las tiritas de chipotle en ambos lados.

VARIACIONES:

- En platos individuales ponga una capa de las acelgas cocidas, en forma de círculo las papas cortadas, en el centro coloque los quelites guisados, rocíe con el vinagre, el aceite, la sal y la pimienta. Adorne con los aguacates y el queso rebanados y tiritas de chipotle.
- Sirva la ensalada como plato fuerte o bien como acompañamiento de carnes, aves o pescados.
- Agregue chorizo frito desmoronado.
- Puede utilizar papas Cambray.

NOTAS:

- Lave las verduras con un cepillo o una esponja, después desinfecte por 15 minutos. Escurra y deje orear antes de utilizarlas en la receta.

PROPIEDADES:

- El vinagre se utiliza para curar infecciones de la garganta y gastrointestinales; regula el metabolismo y ayuda a disminuir la fatiga.
- La papa proporciona muchos nutrientes como el potasio, vitaminas C y B6, niacina, ácido pantoténico y fibra. Reduce la incidencia de infecciones bacterianas.

CALDO A LA ESENCIA
DE NARANJA AGRIA

PARA 8 PERSONAS

PARA EL CALDO:

14	tazas de agua
4	alones completos asados, limpios
1	poro pequeño, rebanado
2	nabos medianos, sin piel
6	zanahorias medianas, sin piel
6	ramas de apio con hojas
2	cebollas medianas
4	dientes de ajo sin piel
24	ramitas de cilantro medianas, atadas
¾-1½	cucharadas de sal gruesa

PARA LA GUARNICIÓN:

8	cucharadas de germinado de soya
8	cucharadas de germinado de alfalfa
8	hojas de cilantro con tallo tierno
4	cebollitas de Cambray pequeñas, cortadas en tiras delgadas, ponerlas en hielo durante 30 minutos
8	ramitas de cebollín picadas
1	naranja, su jugo

PARA PREPARAR EL CALDO:

En una cacerola ponga el agua a hervir. Sazone con un poco de sal. Mientras, con la ayuda de unas pinzas ase los alones de un lado y otro hasta las puntas, para quemar los restos de plumas. Lave los alones, escúrralos. Cuando suelte el hervor el agua agréguelos. Cocínelos durante 30 minutos. Espume el caldo. Incorpore las verduras poco a poco, vuelva a sazonar con otro poco de sal (se deberá tener cuidado con la sal de grano, ya que es más salada). Vuelva a espumar el caldo, reduzca el fuego. Tápelo. Cocínelo a fuego suave durante 1 hora más. Rectifique la sazón. Retírelo, cuélelo, desgráselo y manténgalo caliente a fuego suave.

PRESENTACIÓN:

En recipientes hondos calientes, sirva el caldo hirviendo, adorne cada uno con los germinados de soya y de alfalfa, con las hojas de cilantro, las cebollitas de Cambray, el cebollín y unas gotas de la naranja agria.

VARIACIONES:

- Sirva con huevo batido y déjelo caer al caldo a través de una coladera.
- Agregue aguacate picado.
- Incorpore queso fresco con cilantro.
- Agregue jitomate rallado sin las semillas al caldo.
- Añada chile poblano crudo o asado al caldo.
- Sirva con romeritos o quelites asados.
- Incorpore zanahoria y jícama rallada.

NOTAS:

- Lave el pollo, escúrralo y séquelo antes de utilizarlo en la receta.
- Los alones de pollo deberán estar frescos, sin aroma, con color brillante y no opacos.
- Lave las verduras con un cepillo o una esponja, después desinfecte por 15 minutos. Escurra y deje orear antes de utilizarlas en la receta.

PROPIEDADES:

- El poro protege la salud cardiovascular al reducir el colesterol, la densidad de la sangre y el riesgo de que se formen coágulos.
- El nabo contienen azufre considerado como potente antioxidante que fortalece al cuerpo. Favorece la absorción del hierro de los alimentos y la resistencia a las infecciones.
- La zanahoria es rica en fósforo y vitamina A por lo que es un excelente vigorizante, útil para mentes cansadas y como restauradora de los nervios. Mejora la vista, es antioxidante, protege la piel, ayuda a la secreción de la leche materna.
- El apio favorece la eliminación de líquidos corporales, siendo muy adecuado en casos de obesidad, enfermedades reumáticas y cardiacas que se asocian con la acumulación de agua en el cuerpo.
- El germinado de soya permite la liberación y multiplicación de sales minerales. Ayuda a la formación de vitaminas y convierte a las grasas comunes en ácidos grasos. Es saludable para la circulación.
- El germinado de alfalfa es rico en clorofila que lo hace ideal como desodorante natural, Es depurativo y desintoxicante. Favorece la eliminación de ácido úrico.

CONSOMÉ DE POLLO
CON ESQUITES

PARA 8 PERSONAS

PARA EL CALDO:

12	tazas de agua
4	patas de pollo asadas, sin piel
2	cuadriles con pierna asados, sin piel
4	alones sin piel, asados
½	pechuga con hueso, sin piel
½	cabeza de ajo
1	cebolla mediana, claveteada con 5 clavos
½	poro mediano, cortado en trozos
½	apio mediano, cortado en trozos
2	nabos sin piel, cortados en trozos
4	zanahorias medianas, sin piel, cortadas en trozos
40	ramitas de perejil atadas
40	ramitas de cilantro atadas
1	cucharadita de pimienta gorda entera
1	cucharadita de pimienta negra entera
¾	cucharada de consomé en polvo o al gusto
¾-1	cucharada de sal o al gusto

PARA LA GUARNICIÓN DE ESQUITES:

1	cucharadita de mantequilla
½	cucharadita de aceite de oliva
2	dientes de ajo pequeños, finamente picados
½	cebolla mediana, finamente picada
4	elotes tiernos, desgranados
2	chiles serranos finamente picados
2	ramas de epazote
½	cucharadita de azúcar
¼-½	cucharadita de sal o al gusto

PARA PREPARAR EL CONSOMÉ:

En una olla o cacerola mediana ponga a hervir el agua, agregue las piezas de pollo. Sazone con un poco del consomé y sal. Deje que hierva a fuego mediano. Retire la espuma con la ayuda de una cuchara. Continúe su cocción durante 25 minutos más. Añada las verduras junto con las pimientas y otro poco de sal; tápelo. Continúe cocinando durante 1 hora a fuego mediano. Desgráselo. Rectifique la sazón. Apártelo y repóselo durante 20 minutos. Cuélelo; una vez más desgráselo. A la hora de servir vuélvalo a calentar.

PARA PREPARAR LOS ESQUITES:

Precaliente una cacerola durante 3 minutos, incorpore la mantequilla junto con el aceite de oliva; añada los dientes de ajo, sazónelos con un poco de sal, agregue la cebolla saltéela; incorpore los granos de elote y acitrónelos hasta que estén transparentes.

Agregue los chiles, junto con el epazote. Vuelva a sazonar con el azúcar y la sal. Cocínelos a fuego lento durante 8 minutos. Rectifique la sazón.

PRESENTACIÓN:

Sirva en tacitas de cristal los esquites calientes e incorpore el caldo hirviendo.

VARIACIONES:
- Sirva el consomé caliente en cazuelas de barro.
- Acompañe los esquites con limón, crema y un toque de chile piquín.
- Agregue como guarnición queso fresco, epazote finamente picado, con tortillas delgadas cortadas en tiritas o rombos y aguacate finamente picado. Acompañe con cilantro, cebolla y chile de árbol.

NOTAS:
- Lave el pollo, escúrralo y séquelo antes de utilizarlo en la receta.
- Lave las verduras y los chiles con un cepillo o una esponja, después desinfecte por 15 minutos. Escurra y deje orear antes de utilizarlos en la receta.
- Las verduras y las hierbas tendrán que estar muy frescas, ya que es así cuando están jugosas y con sabor.
- Los elotes deberán estar tiernos y lechosos para que tengan mejor sabor.
- Para clarificar el caldo agréguele apio y cáscaras de huevo limpias, a que suelte hervor durante 20-25 minutos.

PROPIEDADES:
- El perejil ayuda a la digestión y a la diuresis.
- El cilantro fortalece las vías urinarias.
- El epazote es una hierba que se utiliza para erradicar los parásitos.
- El caldo de pollo estimula al sistema inmunológico.

CALDO INFUSIONADO
A LA ZANAHORIA Y CHILE CASCABEL CON CAMARONES

PARA EL CALDO DE POLLO:

10	tazas de agua
1	cebolla mediana, cortada en cuarterones
½	cabeza de ajo rebanada
½	apio chico, cortado por la mitad
3	nabos chicos, sin piel, cortados en trozos
1½	kg [3 lb] de zanahoria chica, cortada por la mitad
½	pollo asado, limpio
½	cucharadita de pimienta negra entera
1	cucharada de jengibre sin piel, picado
1½	cucharadas de consomé en polvo o al gusto
¾-1	cucharada de sal o al gusto

PARA LA INFUSIÓN DE CASCABEL:

1½	tazas de agua
1½	tazas de caldo de pollo desgrasado
4	dientes de ajo medianos, sin piel
12	chiles cascabel (redondos) desvenados y asados

PARA LA GUARNICIÓN 1:

1½	cucharaditas de mantequilla
1½	cucharaditas de aceite de oliva
½	taza de zanahoria rallada
½	taza de nopales finamente picados, cocidos
½	cucharadita de sal o al gusto

PARA LA GUARNICIÓN 2:

2	cucharaditas de aceite de oliva extra virgen
8	camarones grandes U12, sin caparazón, desvenados y ligeramente abiertos
½	cucharadita de pimienta negra recién molida
1½	cucharaditas de sal gruesa o al gusto

PARA PREPARAR EL CALDO DE POLLO:

En una cacerola mediana ponga el agua a hervir. Agregue la cebolla, la cabeza de ajo, el apio, los nabos y la zanahoria. Sazone con un poco de sal. Deje que hierva durante ½ hora. Incorpore el pollo, la pimienta, el jengibre. Continúe su cocción durante 1 hora a fuego mediano hasta que el pollo se haya cocido. Desgrase el caldo y cuélelo.

VARIACIONES:
- Haga la infusión con chipotles.
- Prepare el caldo de pescado con piezas pequeñas de robalo o huachinango.
- Sirva la sopa con habas frescas.

NOTAS:
- Lave las verduras con un cepillo o una esponja, después desinfecte por 15 minutos. Escurra y deje orear antes de utilizarlas en la receta.
- Los chiles secos se desinfectan sólo por 5 minutos, ya que pueden perder su aroma y consistencia.
- Lave el pollo, escúrralo y séquelo antes de utilizarlo en la receta.
- Lave el camarón; debe estar fresco con olor a mar y la carne firme.
- Limpie los nopales para que no tengan espinas.
- Cueza los nopales en agua caliente con hojas de maíz, cáscaras de tomate verde, ajo, cebolla y escúrralos en una canasta de palma para que no queden babosos.

PROPIEDADES:
- El ajo es antiséptico y depurador.
- El nopal contiene celulosa. Ayuda a la digestión, contiene vitamina A y ácido ascórbico.

PARA PREPARAR LA INFUSIÓN DE CHILE CASCABEL:

En una cacerola ponga el agua junto con el caldo desgrasado. Añada los dientes de ajo y el chile cascabel asado. Cocínelo durante ½ hora para que se infusione. Cuele por el chino para que el sabor del chile quede en el caldo infusionado.

PARA PREPARAR LA GUARNICIÓN 1:

Precaliente una cacerola pequeña, incorpore la mantequilla y el aceite. Agregue la zanahoria sazónela y saltéela hasta que este semicocida. Incorpore los nopales y cocínelos durante 3 minutos. Rectifique la sazón.

PARA PREPARAR LA GUARNICIÓN 2:

Precaliente una sartén mediana, agregue el aceite; sazone con la mitad de la sal gruesa; incorpore los camarones, sazónelos con el resto de la sal y la pimienta; ase los camarones durante 1½-2 minutos por ambos lados o hasta que doren ligeramente. Durante su cocción tápelos, si es necesario añada otro poco de aceite de oliva extra virgen para que queden ligeramente sellados.

PRESENTACIÓN:

Caliente la infusión del chile cascabel. Sirva en platos cuadrados de cristal o de porcelana; adorne con la zanahoria, el nopal y el camarón encima. Pase el caldo hirviendo a una jarra y viértalo a los platos en el momento de servir.

CALDO
DE FRIJOL

PARA EL CALDO DE FRIJOL:

250 g [8½ oz] de frijol negro del
      mercado, de temporada, limpio
8½ tazas de agua hirviendo
2   cebollas de rabo medianas,
      enteras con rabo
1   cebolla chica,
      cortada en cuarterones
½   cabeza de ajo limpia,
      cortada por la mitad
4   ramitas de epazote verde
      o morado, con el tallo
2-5 cucharaditas de sal o al gusto

PARA LA GUARNICIÓN:

      Aceite de oliva extra virgen
1½ aguacates Hass maduros,
      picados en cuadritos
225 g [½ lb] de queso rallado, fresco,
      de rancho o Pijijiapan

PARA PREPARAR EL CALDO DE FRIJOL:

Ponga el frijol sobre una superficie, límpielo de la basura y piedritas que pueda tener. Vaya poniéndolo en un recipiente. Lávelo y escúrralo en una coladera. Mientras, prepare la olla express con el agua, deje que hierva; añada la cebolla, los rabos, la cabeza de ajo y los frijoles limpios. Sazone con 1 cucharadita de sal. Tape la olla express, cocine a fuego mediano hasta que silbe. Reduzca el fuego, continúe su cocción entre 45 minutos a 1½ horas. Retire la olla express con cuidado, pásela en el chorro de agua fría hasta que la válvula deje de sonar, se enfríe y se pueda abrir. Ábrala cuando se retire la válvula y no haya ningún sonido. Rectifique la sazón.

Regrese al fuego, continúe cocinando los frijoles durante ½ hora o hasta que espese ligeramente el caldo del frijol. Cuélelo.

PRESENTACIÓN:

Vierta el caldo de frijol en tazones de barro, gotee con el aceite de oliva. Sirva el aguacate picado y el queso rallado en cazuelitas.

PROPIEDADES:

- Los frijoles tiene alto contenido de ácido fólico, previenen la anemia, la fatiga y defectos congénitos; son necesarios en la formación de glóbulos rojos.
- El queso reduce la presencia de osteoporosis.

VARIACIONES:

- Aparte los frijoles y utilícelos para molerlos y ocuparlos como salsa de enfrijoladas o séquelos para servirlos como frijol espeso.
- Cocine los frijoles en olla de barro, no los sazone hasta que estén cocidos.
- Cocínelos a fuego mediano durante 2-2½ horas. Sazone poco a poco los frijoles cuando estén suaves y continúe su cocción. Cuele el caldo.
- Ase los frijoles reducidos para taquitos con tortillas recién hechas y acompañe con queso panela.
- Haga con parte del frijol molido y el caldo la base para las enfrijoladas. Adórnelas con crema, queso fresco y cebolla.
- Reduzca los frijoles espesos hasta que se haga una pastita y rellene tamales envueltos en hoja de maíz o plátano.
- Sirva el caldo de frijol con cebolla, chile verde y trocitos de queso panela.
- Sirva el caldo de frijol con chile de árbol frito y chicharrón rallado.

NOTAS:

- Limpie los frijoles y retíreles las piedras; póngalos a remojar desde el día anterior; retíreles el agua en donde se remojaron.
- Lave las verduras con un cepillo o esponja, después desinfecte por 15 minutos. Escurra y deje orear antes de utilizarlas en la receta.
- El frijol deberá ser de temporada, se podrá comprar en los mercados a granel o bien fuera de la ciudad, ya que los de huerta se cuecen más rápido y tienen mejor sabor.
- Cocine los frijoles en olla de barro curada con ajo por fuera y agua con jabón hasta evaporar para que selle. Tape la olla con un cajete (platito de barro profundo) lleno de agua, ésto hace que no se salga el vapor. En olla de barro tarda más tiempo la cocción pero tienen otro sabor.

TAMALITOS DE QUESO CON RAJAS DE POBLANO EN HOJAS DE MAÍZ

PARA EL RELLENO:

¼	taza de aceite de oliva
4	dientes de ajo medianos, finamente picados
1	cebolla mediana, picada semigruesa
5	chiles poblanos asados, sudados en lienzo de tela, sin piel, desvenados, desflemados y cortados en rajas delgadas
1	kg [2 lb] de flor de calabaza limpia y picada
½	cucharadita de sal

PARA EL TAMAL:

40	hojas de elote fresco, enteras
10	hojas de elote fresco, enteras, de hoja muy suave para hacer las tiras
40	tiras de elote para amarrar los tamalitos Agua (la suficiente)
¾	kg [1 lb 100 oz] de queso Oaxaca, rallado semigrueso
¼	kg [½ lb] de queso manchego, rallado semigrueso

PARA PREPARAR EL RELLENO:

En una cacerola ponga a calentar el aceite con un poco de sal, agregue los dientes de ajo, la cebolla, las rajas de chile poblano y por último la flor de calabaza. Sazone nuevamente con otro poco de sal. Cocine a fuego mediano. Vuelva a sazonar y déjelo enfriar.

PARA PREPARAR EL TAMAL:

Lave las hojas de maíz, escúrralas y séquelas. Prepare una vaporera chica con rejilla y vierta el agua. Ponga una cama de 10 hojas de maíz en el fondo de la vaporera. Revuelva los 2 quesos y en cada una de las 40 hojas restantes ponga una cucharada de los quesos rallados; añada una cucharadita de rajas con la flor al centro y cubra con otro poco de los quesos rallados (sin sobrellenar la hoja). Doble la hoja de un lado encima del relleno, recubra con la otra, marque con las manos las puntas y dóblela de la hoja al centro y, en caso de que no cierre bien el tamal, recúbralo con otra hoja. Amarre los tamalitos con las tiras. Acomode los tamalitos parados en la vaporera y presiónelos para que no se suelten. Recubra con las hojas restantes. Ponga encima un lienzo de tela y cubra con papel aluminio. Cocínelos durante 30 minutos, aproximadamente.

PRESENTACIÓN:

Sirva 2-3 tamalitos hirviendo y póngalos en sesgo en cada plato. Pase el resto de los tamalitos muy calientes a un recipiente profundo.

PROPIEDADES:

- La cebolla tiene grandes propiedade, ayuda a reducir el colesterol, es anticancerígeno, ayuda a la coagulación de la sangre y es fuente de vitamina C.
- El chile poblano combate inflamaciones gástricas y hemorragias, alivia la congestión nasal, la bronquitis y el asma.
- La flor de calabaza es fuente de calcio y fósforo; es un diurético natural.
- Los quesos son ricos en vitamina B12, proteínas y calcio; previenen las caries.
- El queso manchego concentra todas las cualidades nutritivas de la leche. Contiene una elevada proporción de proteínas.

VARIACIONES:

- Sirva los tamalitos en una cazuela chica; en el centro acomode un platito hondo de barro y encima otra cazuelita. Ponga los tamales al centro y los lados. Sírvalos inmediatamente.
- Otra forma de presentación es en un sahumador de barro relleno de frijol negro o bayo crudo, encima un platito también de barro y 2 tamalitos sobre él. Sirva bien calientes.
- Haga los tamalitos de queso con frijol seco (Ver pág. 65 Caldo de frijol).
- Rellene los tamalitos de queso con salsa mexicana cocida o cruda (Ver pág. 41 Tostadas de camarón).
- Rellene los tamalitos de queso con morillas, clavitos, setas, pambazos, champiñones, robellones o patita de pájaro, salteados con aceite de oliva, cebolla, chile serrano, de árbol seco con cilantro o epazote.

NOTAS:

- Lave las verduras, los chiles y las hojas de maíz con un cepillo o una esponja, después desinfecte por 15 minutos. Escurra y deje orear antes de utilizarlos en la receta. Enjuague la flor de calabaza, retire los pistilos.
- Los chiles poblanos deberán estar frescos, su piel estirada sin arrugas. El chile es más picoso cuando tiene el rabito extendido que cuando lo tiene enroscado.
- Cuando compre la flor, que se la acomoden en una caja para que no se apelmace. Deberá estar abierta. Si la desea conservar, sepárela y pásela a un contenedor de plástico con un papel servilleta, extiéndala sobre el contenedor preparado, póngale otro papel, intercálela. Tape con tapa o con bolsa de plástico agujerada.
- El queso manchego deberá estar fresco, con aroma a leche; si huele ácido es porque ya está pasado.
- El queso Oaxaca deberá estar fresco, con un aroma ligeramente ácido; si está apelmazado ya no está fresco.

TARTA DE FRIJOL
CON SETA Y QUESO AÑEJO

PARA 8 PERSONAS

PARA EL FRIJOL:

12	tazas de agua
600	g [21 oz] de frijol bayo o flor de mayo limpio
2	cebollas medianas, cortadas
½	cabeza de ajo sin piel
⅓	taza de aceite de maíz
½	cebolla fi namente picada
	Sal al gusto

PARA LA SETAS:

2	chiles chipotles mora limpios, oreados
⅓	taza de acéite macerado al chipotle
8	setas medianas o morillas, robellón o señorita, limpias, rebanadas en tiritas, incluyendo el tallo
½	cucharadita de sal o al gusto

PARA LA GUARNICIÓN:

250	g [9 oz] de queso Cotija o Pijijiapan
8	totopos cortados en triángulos grandes
	Salsa Cholula o Valentina
	Salsa Búfalo
	Salsa habanera

PARA PREPARAR LOS FRIJOLES:

En una olla de presión caliente ligeramente el agua; agregue los frijoles, las cebollas, los ajos y ½ cucharada de sal; tape la olla. Cocine a fuego medio durante 40 minutos; deje enfriar un poco, pase la olla por agua corriente fría, destápela. Vuelva a sazonar los frijoles. Continúe su cocción hasta que espesen. Deje enfriar, cuélelos, retire el caldo y muélalos. Precaliente una cacerola, agregue el aceite, fría la cebolla hasta que dore ligeramente. Sazone con un poco de sal. Refría los frijoles hasta formar una pasta compacta. Rectifi que la sazón.

Precaliente una sartén y vierta el aceite, dore ligeramente los chiles chipotles mora. Sazónelos con ¼ de cucharadita de sal. Retírelos, déjelos enfriar y macérelos en ⅓ de taza de aceite durante ½ hora. Precaliente una sartén gruesa durante 10 minutos, ase las setas de un lado y de otro, salpicándolas con el aceite al chipotle y sal.

PRESENTACIÓN:

En platos grandes calientes, coloque un molde redondo 6-8 cm [2-3 in] de ancho, rellene con los frijoles ¾ partes del molde, retire el aro con cuidado y encima ponga las setas o los hongos asados, entrelácelos, espolvoree en una línea el queso; a los lados rocíe con las salsas y el aceite; adorne con los totopos. Sirva inmediatamente.

VARIACIONES:
- Sirva con el queso.
- Macere los chiles mora fritos en el aceite por 1 semana y refrigérelos.
- Sirva la tarta de frijoles con morillas partidas por la mitad y salteadas.
- Agregue queso de cabra desmoronado, queso panela, Zacatecas, Oaxaca o asadero.
- Sirva la tarta con berenjena rebanada, desflemada y asada con crema natural o con calabacitas, cebollas o echalotes caramelizadas.
- Adorne la tarta con rajas de chile poblano o chilacas a la crema.

NOTAS:
- Limpie los frijoles y retíreles las piedras, póngalos a remojar desde el día anterior, retíreles el agua en donde se remojaron. Vuelva a cubrirlos con agua. Agrégueles epazote para que resulten de mejor digestión; utilice otro tipo de frijol como ojo de pájaro, pinto, peruano, negro o rojo.
- Lave las verduras con un cepillo o una esponja, después desinfecte por 15 minutos. Escurra y deje orear antes de utilizarlas en la receta.
- Los chiles secos se desinfectan sólo por 5 minutos, ya que pueden perder su aroma y consistencia.
- Los frijoles comprados en el mercado son más frescos.

PROPIEDADES:
- Los hongos y setas, rebajan la cantidad de glucosa en la sangre, combaten el colesterol, producen linfocitos y disminuyen la hipertensión.
- Los quesos contienen proteína de alta calidad, calcio, fósforo, zinc, vitamina A, riboflamina y B12.
- Su consumo ayuda a la actividad metabólica.

PAPAS AL HORNO
A LA SAL DE MAR

PARA LAS PAPAS:

8	papas grandes, limpias y secas
12	cucharadas de aceite de oliva extra virgen
	Sal de grano de mar al gusto

PARA LA SALSA DE JOCOQUE:

8	cucharadas de jocoque espeso
5	cucharadas de queso de cabra desmoronado
8	cucharadas de yogurt natural
4	cucharadas de cebollín finamente picado
1-1½	cucharaditas de sal o al gusto

PARA PREPARAR LAS PAPAS:

Precaliente el horno a 350-175 °C durante 1 hora.

Lave las papas y séquelas. A cada papa embárrela con 1½ cucharadas de aceite de oliva y espolvoree 2 pizcas de sal de grano a cada una. Envuélvalas con papel aluminio. Colóquelas en una charola de horno y cocínelas de 45 minutos hasta 1½ horas según el horno, ya que algunos calientan más que otros. Pruebe las papas con una brocheta para ver si están suaves.

PARA PREPARAR LA SALSA DE JOCOQUE:

En un recipiente hondo de cristal ponga el jocoque y el queso de cabra, bátalos con la ayuda de un globo hasta que se mezclen bien. Agregue el yogurt, el cebollín y sazone con la sal. Revuelva todo bien y mézclelo hasta que tenga una consistencia semiespesa y cremosa.

PRESENTACIÓN:

En platos extendidos, ponga como base 1-1½ cucharadas de la salsa de jocoque moldeándola como un nido y dejando un borde de atrás hacía adelante. Coloque la papa semiinclinada; rocíe con sal de grano; continúe con el resto y sírvalas de inmediato.

VARIACIONES:
- La papa se podrá servir con aceite extra virgen y pimienta recién molida. Acompañe la papa cocida al horno con salsa verde de molcajete o salsa de jitomate asado con chile serrano o al chipotle.
- Sirva las papas con rajas de chile poblano asado cortadas en rajitas, maceradas con vinagre y aceite de oliva.
- Sírvalas con salsa verde o roja para enchiladas.

NOTAS:
- Lave las verduras con un cepillo o esponja, después desinfecte por 15 minutos. Escurra y deje orear antes de utilizarlas en la receta.
- La papa al horno se dextrina o sea que sus almidones no engordan y tienen un gran valor alimenticio.

PROPIEDADES:
- Las papas contienen almidón y fibra, son una buena fuente de carbohidratos y contienen proteínas.
- Las papas contienen gran cantidad de valores nutritivos, como potasio, vitaminas B6 y C. Combinada en crudo con la zanahoria es antiácida.
- La sal evita el exceso de salivación y mantiene el equilibrio del azúcar. Su consumo debe ser moderado.

GORDITAS RELLENAS
DE ROMERITOS CON SALSA
DE JITOMATE Y TOMATE MOLCAJETEADO

PARA LA SALSA MOLCAJETEADA:

3	dientes de ajo medianos, sin piel, asados
6	chiles de árbol frescos, asados
4	jitomates saladet o guajes asados
8	tomates verdes medianos, sin cáscara, asados
⅓-½	taza de agua caliente
½-¾	cucharadita de sal de grano o al gusto

PARA LOS ROMERITOS:

5	tazas de agua
2	cucharadas de sal
1.200	kg [3 lb] de romeritos limpios
4	tazas de agua con hielos

PARA LAS GORDITAS DE MAÍZ:

960	g [2 lb] de masa fresca de maíz
⅓-½	taza de agua tibia

PARA PREPARAR LA SALSA MOLCAJETEADA:

Precaliente un comal a fuego mediano durante 10 minutos o bien ase los jitomates a fuego directo. Ase los dientes de ajo, los chiles de árbol, los jitomates y los tomates en el comal de un lado y otro hasta que se caramelicen; durante su cocción voltéelos con la ayuda de unas pinzas. Retírelos. Limpie el comal y déjelo en el fuego. En el molcajete ponga la mitad de la sal, agregue los dientes de ajo, remuélalos; incorpore los chiles y remuélalos; añada poco a poco los jitomates, los tomates verdes. Continúe remoliendo la salsa martajada. Vuelva a sazonar. Incorpore el agua caliente para darle la consistencia deseada. Rectifique la sazón y deje la salsa en el molcajete hasta antes de servirla.

PARA PREPARAR LOS ROMERITOS:

En una cacerola ponga el agua a hervir; agregue la sal y deje que hierva a borbotones. Incorpore los romeritos; cocínelos hasta que queden verdes y tiernos. Escúrralos. Prepare con anticipación el recipiente con agua y hielos. Incorpore los romeritos al agua fría, déjelos reposar por unos minutos; cuélelos y escúrralos; tómelos entre las manos y oprímalos para extraer el líquido; haga porciones de 72 g [2.5 oz] cada una. Reserve.

PARA PREPARAR LAS GORDITAS DE MAÍZ:

Precaliente un comal. En un recipiente de cristal o directamente en la superficie de una mesa limpia, ponga la masa, extiéndala un poco. Agregue salpicando el agua tibia, mézclala y déjela tersa y bien amasada; si no esta elástica le falta otro poco de agua. Vuélvala a trabajar. Repósela tapada con un lienzo durante 10 minutos (deberá quedar brillosa, no aguada, no se deberá pegar en las manos).

Antes de empezar las gorditas, tome un papel ligeramente humedecido con aceite y repáselo encima del comal, con otro papel retire el resto del aceite para que no humee.

Mientras, tome porciones de 60 g [2 oz] por gordita; haga las 16 gorditas con las manos húmedas (en caso de que la masa se sienta seca

VARIACIONES:
- Para darle color a la masa se le podrá agregar chile ancho o guajillo molido.
- Haga el relleno con espinacas rebanadas muy delgadas en crudo y cocidas igual que los romeritos.
- Rellene las gorditas con los quelites cocidos.
- Sírvalos con queso fresco, o queso de rancho, acompañe con salsas de chipotle o de chile cascabel.

NOTAS:
- Lave las verduras y los chiles con un cepillo o una esponja, después desinfecte por 15 minutos. Escurra y deje orear antes de utilizarlos en la receta.
- A los romeritos se les debe quitar las raíces, la tierra y los tallos gruesos.
- Cuando se compre la masa de maíz fresca es necesario sacarla de la bolsa y extenderla sobre una superficie, ya que si se deja caliente se agria; después de airearla, júntela y refrigérela si no la usa de inmediato; proceda como en la receta. En refrigeración y tapada dura 2 días.

PROPIEDADES:
- El ajo tiene propiedades antivirales y antibacterianas, es descongestionante, reduce la fiebre y ayuda al organismo a combatir las infecciones.
- El jitomate contiene vitamina C, disminuye las enfermedades del corazón y las cataratas, ayuda al tono muscular y regenera los tejidos.

rocíela con agua y amásela) tome la porción y redondéela entre las manos. Tortéela hasta dejarla de 4 cm × ½ cm [1½ in × ⅓], déjela caer en el comal; continúe haciendo las demás mientras se van cociendo de un lado, hasta que se doren, voltéelas y continúe su cocción hasta que se inflen. A veces se les sostiene por los lados parándolas junto a las otras y se cocinan así por el derredor. Retírelas. Mientras están calientes córtelas casi por mitad sin llegar a dividirlas.

PRESENTACIÓN:

Ponga en cada plato extendido una gordita rellena con los quelites y alrededor una línea de salsa. Pase las gorditas restantes a un platón y coloque al lado el molcajete con la salsa.

TAQUITOS DE REQUESÓN
AL VAPOR

PARA LA SALSA DE XOCONOSTLE:

4	xoconostles maduros, asados
400	g [14 oz] de tomatito verde de milpa sin cáscara o jitomate cherry
4-6	chiles moras o mecos o miritas, asados
3	dientes de ajo sin piel, asados
½	cebolla mediana, asada
½-¾	taza de agua caliente
1-1½	cucharadita de sal o al gusto

PARA LOS TACOS:

700	g [1½ lb] de requesón, queso idish, doble crema, panela o cottage drenado
¼	taza de chile verde finamente picado
¼	taza de epazote finamente picado
½	taza de cebolla finamente picada
8	hojas de plátano asadas o hervidas, de 12 cm [5 in] de tamaño
2	cucharadas de aceite de maíz
8	tortillas de 8 cm [3⅕ in] de diámetro recién hechas, de masa azul o blanca, calientes

PARA PREPARAR LA SALSA:

Precaliente un comal, ase los xoconostles, ábralos y retire las semillas del centro. Limpie los tomatitos y áselos junto con el chile cuidando que los chiles no se quemen porque pueden amargar. Retire los tomatitos y los chiles. Remoje los chiles asados durante 20 minutos. Ase el ajo y la cebolla. Muela los ajos en el molcajete junto con la cebolla y la sal. Incorpore los chiles, los xoconostles sin el centro y los tomatitos. A la hora de moler añada agua hasta obtener una salsa semiespesa. Rectifique la sazón.

PARA PREPARAR LOS TACOS:

En un recipiente combine el requesón con el chile, el epazote y la cebolla.

PRESENTACIÓN:

Prepare una vaporera con agua y tapice el fondo con hojas de plátano. Forme los taquitos de queso y barnícelos con una cantidad mínima de aceite. Coloque 2 taquitos en cada hoja de plátano, previamente cortadas de 10 × 10 cm [4 × 4 in] y amárrelos con tiras de hoja de plátano como tamalitos oaxaqueños. Métalos a la vaporera y cocínelos durante 10-20 minutos. Sirva 2 taquitos sobre sus hojas en platos individuales y acompáñelos con salsa de xoconostle en cazuelitas individuales.

VARIACIONES:

- Haga la salsa con chiles de árbol, piquín seco, bolita o comapeño.
- Los taquitos se pueden rellenar sólo con requesón o se pueden servir taquitos de doble crema y requesón intercalados.
- Esta salsa puede molerse en licuadora, pero debe tener algo de textura.
- Rellene los tacos con queso idish, doble crema, queso de rancho fresco, panela o cottage.

NOTAS:

- Lave las verduras con un cepillo o una esponja, después desinfecte por 15 minutos. Escurra y deje orear antes de utilizarlas en la receta.
- Los chiles secos se desinfectan sólo por 5 minutos, ya que pueden perder su aroma y consistencia.
- El queso fresco debe estar blanco, sin mucho suero y con aroma fresco. Deberá estar refrigerado o si es fresco utilizarlo ese día. Si lo refrigera y lo utiliza por porciones, cámbiele la envoltura constantemente.

PROPIEDADES:

- El xoconostle sirve para el padecimiento de la diabetes, ayuda a la digestión de las proteínas, contiene carbohidratos, sales minerales y vitamina C.
- El requesón contiene calcio.

TACOS DEL COMAL
EN TORTILLAS DE MAÍZ
BLANCA Y AZUL DE HONGOS Y CUITLACOCHE

&. PARA 8 PERSONAS

PARA EL CALDILLO DE JITOMATE:

750	g [15 oz] de jitomate guaje, redondo o riñón cortados
1	cebolla mediana, cortada en trozos
3	dientes de ajo pequeños, sin piel
½	taza de agua, caldo de pollo o de verduras
¼	taza de aceite de oliva, de maíz o de girasol
1	cebolla pequeña, finamente picada
½-¾	taza de agua
1½-2	cucharaditas de sal o al gusto

PARA LOS HONGOS:

1250	g [2 lb 1 oz] de champiñón finamente fileteado
1450	g [3 lb 1 oz] de setas o duraznillo, robellón, señorita, clavitos o shitake, finamente fileteados
2	cebollas medianas, finamente picadas
⅓	taza de aceite de oliva, maíz o manteca
¾-1½	cucharadas de sal

PARA EL CUITLACOCHE:

⅓	taza de aceite de oliva, de maíz o de girasol
1½	cebollas medianas, finamente picadas
5	chiles serranos sin rabito, finamente picados
1250	g [2 lb 1 oz] de granos de cuitlacoche, limpio y seco
⅓-½	taza de epazote finamente picado
¾-1½	cucharadas de sal o al gusto

PARA LA GUARNICIÓN:

8	tortillas de maíz blanco medianas
8	tortillas de maíz azul medianas
8	tiras de 18 cm [7 in] × 10 cm [4 in] de hojas de plátano verdes
8	tiras de 18 cm [7 in] × 10 cm [4 in] de hojas de plátano amarillas

PARA PREPARAR EL CALDILLO DE JITOMATE:

En una licuadora muela el jitomate con la cebolla, los dientes de ajo y el agua. Déjelo sin colar. En una cacerola ponga a calentar el aceite, sazone con un poco de sal, incorpore la cebolla; caramelícela. Vierta el caldillo de jitomate. Vuelva a sazonarlo y cocínelo durante 25-30 minutos. Si se desea un caldillo espeso déjelo así, sino añada un poco más de agua hasta dejarle la consistencia de un caldillo semiespeso

PARA PREPARAR LOS HONGOS:

Lave los hongos en agua con harina para que se les caiga la tierra. Escúrralos y déjelos orear.

Precaliente una cacerola, ase los hongos hasta que empiecen a dorar. Sazone con un poco de sal. Añada la cebolla junto con el aceite y refría los hongos hasta que estén dorados. Rectifique la sazón.

PARA PREPARAR EL CUITLACOCHE:

Precaliente una cacerola durante 8 minutos; incorpore el aceite, sazone con un poco de sal añada la cebolla, saltéela hasta que esté transparente, cocínela a fuego fuerte. Añada el chile y el cuitlacoche, saltéelos. Sazone con la sal y el epazote. Tape y cocine hasta que los granos del cuitlacoche estén suaves. Rectifique la sazón.

PRESENTACIÓN:

Precaliente platos extendidos, coloque la hoja verde sobre el plato y en sesgo y doblada la hoja amarilla. Precaliente el comal durante 10 minutos a fuego mediano. Caliente las tortillas por ambos lados. Rellene la tortilla blanca con los hongos, dóblela por la mitad y dórela

VARIACIONES:

- Haga los tacos doblados con tortillas de colores o con tortillas de harina integral.
- Agregue queso Oaxaca o combínelo con queso asadero y manchego.
- Acompañe los tacos con salsas crudas o guacamole.
- Sirva los tacos en platos semiextendidos junto con el caldillo de jitomate.

NOTAS:

- Lave las verduras y los chiles con un cepillo o una esponja, después desinfecte por 15 minutos. Escurra y deje orear antes de utilizarlos en la receta.
- Lave los hongos con agua y harina. No los deje remojando ya que absorben el líquido.
- Los hongos de la temporada tienen mejor sabor.
- El hongo debe estar firme, no utilice el que esté bofo o que se sienta baboso o suave.

PROPIEDADES:

- El cuitlacoche se emplea para combatir las hemorragias producidas por la úlcera gástrica, heridas intestinales o rectales debidas a hemorroides inflamadas.
- El epazote da muy buenos resultados en las indigestiones, dolores de estómago, flatulencias y falta de apetito. Destruye los parásitos intestinales.

ligeramente. Caliente la tortilla azul igual que la blanca, rellene con el cuitlacoche en grano, dóblela y tuéstela ligeramente al final a fuego directo. Antes de servir rocíe con unas gotas de aceite de maíz o de oliva y sírvalas encima de la hoja acomodando los tacos doblados transversalmente: la azul abajo y arriba la blanca. En el centro haga una línea con el caldillo y el resto póngalo en cazuelitas individuales o en una salsera. Sirva los tacos de inmediato.

TACOS
DE PESCADO

PARA LA SALSA DE TOMATILLOS AL CHILE MORITA:

225	g [½ lb] tomatillos sin cáscara
6	chiles morita asados
	Aceite de oliva
2	dientes de ajo medianos, sin piel
¼	cebolla mediana
2	tazas de agua
½-¾	cucharadita de sal o al gusto

PARA EL PESCADO:

8	huachinangos de 450 g [1 lb], utilice sólo los filetes
8	cucharadas de aceite de oliva
8	cucharadas de mantequilla
2	naranjas agrias, su jugo
1	cucharadita de pimienta negra molida
1½-2	cucharadas de sal o al gusto
24	tortillas pequeñas de maíz recién hechas

PARA PREPARAR:

Precaliente una sartén, ase los chiles y muévalos de un lado y otro hasta que se inflen ligeramente. Agregue unas gotitas de aceite de oliva; salpíquelos con una pizca de sal. Retírelos. En una cacerola caliente el agua. Incorpore los chiles, los tomates verdes, los dientes de ajo y la cebolla. Cocínelos a fuego mediano durante 20 minutos. Retírelos, déjelos enfriar. En un molcajete o procesador, muela los chiles junto con el ajo y un poco de sal hasta que se forme una pastita; incorpore la cebolla, remuélala. Vuelva a sazonar. Agregue los tomatillos de uno en uno y remuélalos; añada ⅓-½ taza del agua donde se cocinaron los tomatillos. Revuelva muy bien la salsa con el tecolote en el molcajete, o bien haga varias pulsaciones en el procesador para obtener una consistencia semiespesa.

PARA PREPARAR LOS TACOS DE PESCADO:

Precaliente un comal. Haga las tortillas pequeñas con masa fresca y póngalas en una canasta con una servilleta para mantenerlas calientes. Precaliente una plancha o una sartén grande; durante 8 minutos agregue un poco del aceite y la mantequilla; coloque hacia abajo los filetes de pescado sazonados con la pimienta y la sal. Deje dorar los filetes por la parte de la piel. Vuelva a añadir el aceite, la mantequilla y la sal; remuévalos un poco con la espátula. Cocínelos hasta que casi se haga chicharrón la piel. Voltéelos y cocínelos 1-2 minutos más para que quede el pescado jugoso. Vuelva a sazonar los filetes con la sal y la pimienta. Retírelos; antes de servir desmenúcelos.

PRESENTACIÓN:

Vuelva a calentar las tortillas y ponga 3 tortillas entrelazadas en cada plato, encima el pescado desmenuzado, con la ayuda de un tenedor póngalo al centro de las tortillas, y por un costado la salsa. Sirva de inmediato.

VARIACIONES:

- Embarre el pescado con un poco de mayonesa, chile guajillo y ajo; áselo como dice la receta.
- Unte el pescado con adobo de chile ancho y guajillo, siga el método de la receta.
- Agregue camarones asados con las marinadas anteriores y píquelos antes de servir con el pescado.
- Acompañe con las salsas picantes Valentina, Cholula o de chile habanero.
- Sirva con la salsa de jitomate hervido con cebolla, ajo, chile serrano y chile jalapeño asado.
- Agregue a los tacos de pescado col rebanada, lechuga y jocoque.

NOTAS:

- Lave las verduras con un cepillo o una esponja, después desinfecte por 15 minutos. Escurra y deje orear antes de utilizarlas en la receta.
- Los chiles secos se desinfectan sólo por 5 minutos, ya que pueden perder su aroma y consistencia.
- El pescado fresco deberá tener la carne firme, los ojos brillantes y las agallas rojas.
- Lave el camarón, debe estar fresco con olor a mar.

PROPIEDADES:

- El tomatillo es rico en vitaminas, especialmente vitamina A, también contiene, en menor proporción, vitaminas C y del grupo B. Ayuda a prevenir las enfermedades degenerativas.
- El consumo de grasas de pescado disminuye la prevalencia de enfermedad cardiovascular, especialmente de las coronarias; contiene Omega 3.

EMPIPIANADAS

PARA EL PIPIÁN:

¾	taza de pepita limpia, asada
1	cucharada de chile piquín asado
½	cebolla mediana, en trozos
2½-3	tazas de agua caliente o caldo de pollo desgrasado caliente
¼	taza de aceite de girasol, de maíz o manteca
1	cebolla mediana, fileteada

PARA LAS ACAMAYAS:

16	acamayas frescas, limpias, abiertas en forma de mariposa
16	cucharaditas de aceite de oliva o de manteca
4	rebanadas de cebolla
1	cucharadita de sal de grano
1½-2	cucharadas de sal o al gusto

PARA LAS TORTILLAS:

300	g [10½ oz] de masa fresca
2-4	cucharadas de agua
24	tortillas de 15 g [⅓ oz] recién hechas de 8-10cm [3-4 in] de diámetro Aceite de girasol o de maíz
1	servilleta de papel

PARA LA GUARNICIÓN:

1½	cucharaditas de chile piquín, ligeramente asado y molido

PARA PREPARAR EL PIPIÁN:

Limpie, lave y escurra la pepita. Precaliente una sartén, ase las pepitas moviéndolas y sacudiéndolas para que se asen parejo sin que se quemen. Salpíquelas con una pizca de sal y vuélvalas a sacudir. Retírelas y déjelas enfriar. En la misma sartén ase los chiles piquín moviéndolos; en el momento que saquen su aroma y estén ligeramente dorados apártelos. Muela las pepitas junto con el chile piquín, la cebolla y el agua hasta que tenga una consistencia tersa y semiespesa.

Precaliente una sartén, agregue el aceite, caramelice las cebollas hasta que estén doradas. Sazone con un poco de sal. Vierta la salsa. Vuelva a sazonar. Cocine la salsa durante 10 minutos a fuego lento. Retírela y pásela a un baño María para que esté caliente y no hierva (se puede cortar). En caso de que esté muy espesa incorpore un poco de agua caliente. Rectifique la sazón.

PARA PREPARAR LAS TORTILLAS:

En una superficie o en un recipiente de cristal ponga la masa y amásela con un poco de agua hasta dejar una consistencia tersa y no pegajosa. Prepare una máquina para tortillas con 2 plásticos cortados al tamaño de la máquina. Precaliente un comal a fuego mediano durante 20 minutos y antes de cocinar las tortillas páselas a una servilleta humedecida ligeramente con aceite. Forme bolitas de 15g [½ oz] de masa. Abra la máquina de tortillas y coloque un plástico en su base, al centro ponga la bolita de masa, presione ligeramente en medio y aplástela un poco con el dedo índice de la mano; cubra con el otro plástico y presione en forma de zig-zag para que se extienda la tortilla. Mójese las manos ligeramente y con los dedos de la mano izquierda reciba la tortilla, retire el plástico. Deje caer la tortilla de adentro hacia afuera en el comal. Cocine la tortilla hasta que empiece a tomar un color parduzco; con una espátula o con la mano voltéela y deje que se cocine hasta que empiece a inflar; vuelva a voltearla para que se esponje. Retire la tortilla, dóblela entre las manos. Continúe haciendo así el resto de las tortillas.

Prepare una canasta con una servilleta y vaya poniendo una encima de la otra. Las empipianadas quedan mejor cuando se hacen las tortillas al momento de servir.

Abra ligeramente las tortillas, sumérjalas en la salsa y sírvalas al momento.

PARA PREPARAR LAS ACAMAYAS:

Precaliente una sartén grande durante 8 minutos. Ponga las acamayas con la caparazón en la sartén; salpique con un poco de sal y el aceite o la manteca; deje que empiecen a tomar color. Vuelva a sazonarlas y salpique otro poco de aceite. Voltéelas y cocínelas durante 1-2 minutos; deberán quedar jugosas y marcadas. Retírelas y manténgalas en la sartén.

PRESENTACIÓN:

Coloque en platos extendidos o semihondos calientes 3 empipianadas, una encima de la otra, bañe con la salsa; ponga 1 acamaya en la parte de atrás, salpique el chile por un costado y haga unas líneas con la salsa. Adorne con el chile piquín. Sirva el resto de las empipianadas en platón caliente.

VARIACIONES:
- Sirva las 2 acamayas con las empipianadas al momento.
- Haga la salsa de chile de árbol.
- Agregue 4 tomatillos hervidos a la salsa.
- Incorpore chiles jalapeños o chiles serranos al gusto.
- Sirva las empipianadas con camarones al mojo de ajo o rellénelas con camarón o jaiba sofrita con cebolla o chile serrano.

NOTAS:
- Lave las pepitas antes de utilizarlas en la receta.
- Lave las verduras con un cepillo o esponja, después desinfecte por 15 minutos. Escurra y deje orear antes de utilizarlas en la receta.
- Las acamayas deberán estar firmes y oler a mar fresco; la caparazón no deberá estar aguada, sino firme como su cuerpo.
- No deberán estar pegajosas; las frescas aún están vivas, son las mejores.

PROPIEDADES:
- La pepita contiene gran cantidad de vitaminas A, B, B2 y B3 y proteínas. Sus grasas son buenas para la salud.
- Las pepitas se utilizan para combatir los parásitos intestinales y para eliminar la retención de líquidos del organismo. Son un antioxidante. Previenen las enfermedades degenerativas y benefician los tratamientos de la próstata.
- El aceite de girasol ayuda a prevenir enfermedades degenerativas.

TERNERA EN SALSA DE HONGOS

PARA LA SALSA:

4	tazas de agua
½	kg [18 oz] de hongos o champiñones frescos, finamente picados
1.200	kg de jitomates con una incisión en forma de cruz en la parte superior
½	cebolla mediana
3	dientes de ajo medianos, sin piel
1	taza de vino tinto
1	taza de puré de tomate condimentado
50	g de mantequilla
¼	taza de aceite de oliva
½	cebolla rallada
2	hojas de laurel fresco y 2 hojas de laurel seco
2	ramitas de tomillo fresco y 2 ramitas de tomillo seco
2	ramitas de mejorana fresca y 2 ramitas de mejorana seca
1½	cucharaditas de azúcar
½	cucharadita de pimienta recién molida
¾-1½	cucharadas de sal o al gusto

PARA LOS HONGOS ASADOS:

16	setas, duraznillo, morillas o yemas enteros o rebanados, escurridos
¼	taza de aceite de oliva
40	g de mantequilla
1½	cucharadita de tomillo fresco
½	cucharadita de sal de grano

PARA LA CARNE:

8	milanesas de ternera delgadas
2	dientes de ajo asados
6	ramitas de mejorana fresca
1	taza de caldo de pollo (para reducción después de freír la carne)
1	taza de vino tinto (para reducción después de freír la carne)
	Pimienta al gusto
1	cucharadita de pimienta

PARA PREPARAR LA SALSA:

Corte ligeramente en forma de cruz la parte superior de cada jitomate. En una cacerola ponga a hervir agua, cuando hierva agregue los jitomates y cocínelos de 2-3 minutos. Apártelos y retire la piel. En la licuadora muela el jitomate con la cebolla, los dientes de ajo, el vino tinto y el puré de tomate.

Precaliente una sartén agregue la mantequilla y el aceite con un poco de sal; acitrone la cebolla, añada los hongos, saltéelos e incorpore el jitomate molido y las especias. Sazone con azúcar, pimienta y sal. Continúe su cocción a fuego lento durante 25 minutos más, sin llegar a secarla demasiado.

PARA PREPARAR LOS HONGOS ASADOS:

Precaliente una sartén grande durante 10 minutos. Pase y extienda los hongos; áselos de un lado hasta que empiecen a dorarse. Salpique un poco de aceite, unos trocitos de mantequilla, el tomillo y sal de grano. Tape la sartén para que se suden y se asen con su propio jugo durante 4-5 minutos, aunque el tiempo de cocción varía dependiendo del hongo. Voltéelos y proceda de la misma manera hasta que queden asados y jugosos.

PARA PREPARAR LA CARNE:

Precaliente el horno a 350 °F-175 °C durante 1 hora.

En el molcajete o en un mortero, muela perfectamente los ajos con la mejorana y la pimienta hasta dejar un puré. Unte cada milanesa y déjelas reposar durante 1½ horas. En una sartén ponga un poco de la mantequilla a calentar y fría cada milanesa por ambos lados durante 3-4 minutos hasta que dore.

Agregue a la sartén donde frió la carne 1 taza de caldo y 1 taza de vino tinto. Cocine hasta que se reduzca a la mitad e incorpore al resto de la salsa.

PRESENTACIÓN:

En platos extendidos calientes coloque una milanesa, haga una línea de salsa en los extremos más largos de la milanesa, por un costado y por debajo ponga los hongos asados. Sirva el resto de la salsa caliente en una salsera.

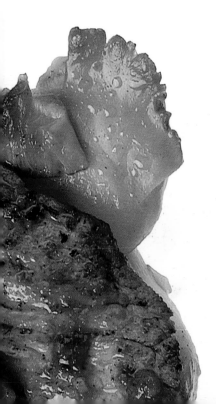

VARIACIONES:
- Agregue a la marinada jugo de limón.
- Puede hacer esta misma salsa con 1½ tazas de vino blanco y con 1½ tazas de caldo de pollo para variar.
- Puede rellenar las milanesas con queso mozzarella, cambozola o de cabra.
- Tenga cuidado con la sal, ya que en las reducciones la salsa se concentra y puede salarse.
- Coloque la carne en un platón cubierta con la salsa y acompañe con verduras guisadas.
- Si hace las milanesas en el momento, puede freírlas de 4-5 minutos por ambos lados y cubrirlas con la salsa de hongos, sin tener la necesidad de hornearlas.
- Coloque en cada una de las milanesas una rebanada de jamón y una de queso. Ciérrelas con un palillo.

NOTAS:
- Lave las verduras con un cepillo o una esponja, después desinfecte por 15 minutos. Escurra y deje orear antes de utilizarlas en la receta.
- La milanesa de ternera deberá ser de color rosado y con aroma fresco.
- Limpie la carne con un lienzo húmedo antes de utilizarla según la receta.

PROPIEDADES:
- El laurel tiene propiedades digestivas y estimula el apetito.
- El tomillo combate la tos y los resfríos.
- La mejorana ayuda a combatir resfríos, dolores de cabeza, nervios y malestares estomacales.

POLLITO CON SOYA
Y MIEL

PARA LA MARINADA DE SOYA:

3	tazas de salsa soya
1½	tazas de miel de abeja
¾	cebolla mediana, cortada en trozos
8	dientes de ajo medianos, sin piel

PARA LOS POLLITOS:

8   pollitos de leche o cornish hens de
     700-800 g [1½-1 ¾ lb] asados, limpios
     Hilo de cáñamo

PARA LA GUARNICIÓN:

4	calabazas alargadas, cortadas a lo largo finamente en mandolina
8	rebanadas gruesas de cebolla de 2 cm [⅘ in]
¼	taza de aceite de oliva
½	cucharadita de pimienta negra recién molida
1	cucharada de mantequilla
½-¾	cucharada de sal de grano o al gusto

PARA PREPARAR LA MARINADA DE SOYA:

En la licuadora muela la salsa de soya con la miel e incorpore la cebolla y los dientes de ajo. Remuela todo hasta dejar una marinada semiespesa; pásela a un recipiente de cristal.

PARA PREPARAR LOS POLLITOS:

Precaliente el horno a 350 °F-150 °C durante 1½ horas.

Ase a fuego directo los pollitos de leche por todos los lados y las alitas. Retire las plumitas junto con los cañoncitos. Lave los pollitos y escúrralos. Séquelos. En un refractario ponga los pollitos y bañe con la soya preparada por adentro y por afuera. Escúrralos y páselos a una charola para horno. Salsee los pollitos y meta las piernitas adentro de la piel o bien amárrelos con hilo de cáñamo. Vuelva a bañarlos antes de cocinarlos en el horno. Tápelos con papel aluminio y cocínelos en la rejilla de arriba. Cada 20 minutos báñelos con la ma-

rinada con la ayuda de una brocha para que queden bien impregnados. Vaya volteándolos durante su cocción para que queden parejos. Hornéelos de 40-45 minutos. Los pollitos deberán quedar dorados y laqueados con la marinada. Retírelos, tápelos y déjelos enfriar. Desamarre las piernitas.

PARA PREPARAR LA GUARNICIÓN:

Cuando vayan a estar los pollitos empiece a preparar las verduras. Precaliente una plancha o una sartén durante 10 minutos, gotee con un poco de aceite y unos trocitos de mantequilla. Salpique con un poco de sal. Ase las cebollas hasta que se caramelicen de un lado, voltéelas y vuelva a rociar aceite y poner mantequilla en trocitos. Sazone las rebanadas de cebolla. A un lado salpique con el aceite y sal. Ponga las rebanadas de calabacita encima, luego la mantequilla en trocitos, la pimienta y la sal. Voltéelas rápidamente ya que son delgadas y se cocinan fácilmente. Vuelva a sazonarlas, continúe con el resto. Retírelas y haga rollitos.

PRESENTACIÓN:

Precaliente los platos grandes y coloque las rebanadas de cebolla asada, encima el pollito, por un costado dos rollitos de calabaza (uno a un costado y el otro arriba inclinado por el otro extremo). Salsee en forma de gotas con la marinada y el jugo que soltaron los rollitos. Sirva de inmediato.

VARIACIONES:
- Cocine la mitad de los pollitos. Si sirve la mitad de los pollitos, prepare la mitad de la marinada.
- Sirva el pollito acompañado con chícharos chinos, cebollitas de Cambray y germinados salteados con aceite de oliva y aceite de ajonjolí.
- Acompañe los pollitos con arroz al vapor solo o con omelette de huevo de codorniz cortado en trocitos, salpicado con cebollín.
- Para darle mejor sabor se puede rellenar con poro y ajo.

NOTAS:
- Lave las verduras con un cepillo o esponja, después desinfecte por 15 minutos. Escurra y deje orear antes de utilizarlas en la receta.
- El pollito, si es fresco deberá tener color rosado; si es congelado, el hielo deberá estar transparente y la carne no quemada.

PROPIEDADES:
- La soya es fuente de vitaminas B3 y B12, minerales como el hierro, fósforo y magnesio.
- La salsa de soya es un buen sustituto de la sal.
- La miel es un alimento energético que se debe consumir diariamente, ya que es un carbohidrato que está compuesto por más de 16 tipos de azúcares en agua, como la fructuosa y la glucosa, de ahí que proporcione tanta energía. Tonifica los músculos y el corazón y se le atribuyen valiosas propiedades en la curación de enfermedades hepáticas, renales, pulmonares, digestivas, llagas o dermatitis, entre otras.

PECHUGAS DE POLLO
AL HORNO ROSTIZADAS

PARA 8 PERSONAS

PARA EL ACEITE DE CHILE DE ÁRBOL:

¼	taza de aceite de oliva puro
2	cucharadas de aceite de oliva extra virgen
3	chiles de árbol ligeramente fritos en poco aceite
½	cucharadita de sal

PARA LAS PECHUGAS:

1	cebolla grande, cortada en sesgo
6	dientes de ajo grandes, sin piel, rebanados
2	pechugas de pollo enteras con hueso, con piel o sin piel
1½-2	cucharaditas de sal o al gusto

PARA LA SALSA:

¼	cebolla mediana, asada
1	diente de ajo sin piel, asado
8	jitomates riñón medianos o
16	jitomatitos cherry asados
1	cucharada de chile piquín fresco, asado
⅓-½	taza de agua caliente
½-1	cucharadita de sal o al gusto

PARA LA GUARNICIÓN:

16	nopales limpios, asados
1	cucharadita de sal gruesa
	Tortillas tostadas con agua con sal o tortillas de maíz quebrado, tostadas

PARA PREPARAR EL ACEITE DE CHILE DE ÁRBOL

Precaliente la sartén durante 5 minutos; agregue los aceites, fría los chiles a fuego mediano y sazónelos. Muela el aceite junto con los chiles; páselo a un recipiente.

PARA PREPARAR LAS PECHUGAS AL HORNO:

Precaliente el horno a 350 °F-200 °C durante 1½ horas.

Con una brocha barnice muy bien las pechugas con el aceite preparado y déjelas macerar durante ½ hora.

En una charola para hornear ponga una capa de cebolla y ajo rebanados, haciendo 2 montones; vierta 1 taza de agua; coloque las pechugas sobre la cebolla y báñelas con el aceite preparado restante. Métalas al horno en la rejilla de arriba para que se rosticen durante 35-40 minutos o hasta que doren, esto dependerá de la temperatura del horno. Saque las pechugas del horno y déjelas reposar 15 minutos. Retíreles la piel y corte rebanadas muy delgadas con un cuchillo filoso.

PARA PREPARAR LA SALSA:

En el molcajete o en un procesador ponga un poco de sal, la cebolla junto con el ajo y muela, hasta dejar un puré; agregue los chiles y remuélalos junto con los jitomates. Vuelva a sazonar; continúe remoliendo la salsa hasta dejar una consistencia semiespesa; incorpore el agua necesaria. Rectifique la sazón.

PARA PREPARAR LOS NOPALES:

Precaliente un comal, ponga un poco de sal gruesa y ase los nopales, si se requiere haga unos ligeros cortes pero déjelos enteros. Cocínelos hasta que estén ligeramente asados.

PRESENTACIÓN:

En platos calientes alargados o redondos ponga un nopal y rebanadas de la pechuga; salsee encima del nopal y adorne con las tortillas tostadas por un costado.

VARIACIONES:

- Sirva la pechuga rostizada fileteada con el nopal en tortillas tostadas con frijolitos de la olla.
- Sirva la pechuga con cebolla asada.
- Acompañe con quelites al vapor y asados a la plancha con un poco de aceite de oliva y sal.
- Sirva las pechugas con la papa al horno (Ver pág. 70).
- Tape las pechugas en frío con papel de plástico adherible, refrigérelas toda la noche; retírelas del refrigerador, rebánelas muy delgadas y haga taquitos o sírvalas en un sandwich.

NOTAS:

- Lave los chiles secos y desinféctelos sólo por 5 minutos, ya que pueden perder su aroma y consistencia.
- Lave las verduras con un cepillo o esponja, después desinfecte por 15 minutos. Escurra y deje orear antes de utilizarlas en la receta.
- Las pechugas de pollo deberán estar frescas, tener color brillante rosado y no blanco.
- Lave las pechugas, escúrralas y séquelas antes de utilizarlas en la receta.

PROPIEDADES:

- La pechuga destaca por su alto contenido en vitamina B3 y ácido fólico.
- El aceite de oliva es rico en la grasa poliinsaturada omega-3, es bajo en colesterol. Ayuda al hígado y a las vías biliares.

SANDWICH DE CARPACCIO
DE RES AL ORÉGANO

PARA EL CARPACCIO DE RES:

800	g [28 oz] caña de filete de res, limpio
1½	tazas de marinada de orégano y mejorana marca "Gavilla", agítela
80	g [3 oz] de mantequilla, cortada en cuadritos
½	taza de agua
1	cucharadita de sal de grano o al gusto

PARA LA GUARNICIÓN:

½	taza de mostaza de grano o Dijon
⅓	taza de mayonesa
2	panes enteros integrales cortados en sesgo de 1 cm de ancho y de largo en sesgo 16 rebanadas de 8-12 cm [4-6 in]
6	jitomates guajes o bola medianos, maduros, cortados en rebanadas delgadas
16	hojas de espinaca pequeñas, limpias y refrigeradas
1	lechuga francesa tierna, limpia y refrigerada Sal de grano al gusto

VARIACIONES:
- Acompañe con cebolla rebanada.
- Sirva el sandwich con chipotles encurtidos o adobados.
- Acompañe con zanahoria y jícama rallada o bien en tiras.
- Acompañe con pepinos rebanados como papel, curtidos con azúcar y eneldo.
- Sirva con salsa Thailandesa picante.

NOTAS:
- El filete de res deberá tener color rosado claro, la carne tiene que tener consistencia firme y no aguada. La caña del filete deberá estar sin el cordón. La carne tiene que tener aroma fresco, no deberá estar con sanguaza y tampoco oscura.

PARA PREPARAR EL CARPACCIO DE RES:

Precaliente el horno a 400 °F-300 °C durante 2 horas.

En un recipiente de cristal extendido ponga el filete de res. Vierta la marinada de orégano y mejorana marca "Gavilla"; marine la carne durante 2-3 horas a temperatura ambiente o en la parte de abajo del refrigerador. Precaliente una sartén gruesa sin grasa durante 25 minutos. Vierta el aceite y la mantequilla; selle la carne por ambos lados y por los extremos durante 4-5 minutos; bañe con la marinada. Retire el filete de la sartén y colóquelo al centro de una charola para horno. Agregue ½ taza de agua, en la charola. Bañe con la marinada, el resto de la mantequilla y la sal. Cubra la carne con papel aluminio. Cocine el filete durante 10-15-20 minutos (según el término que se requiera). Retire del horno, páselo a otro papel aluminio, bañe con sus jugos. Fórrelo, déjelo enfriar y refrigérelo durante toda la noche. Llévelo a cortar a una rebanadora o rebánelo con un cuchillo eléctrico o filoso muy delgado como carpaccio.

PARA PREPARAR LA GUARNICIÓN:

En un recipiente de cristal mezcle la mostaza y la mayonesa. Embarre ambas rebanadas de pan con la mostaza preparada, coloque las 6 rebanadas de jitomate en cada una; encima espinaca, las hojas de lechuga, las 10 rebanadas de filete cortadas en carpaccio. Déjelas caer y entrelácelas, déles un movimiento. Espolvoree un poco de granos de sal. Ponga la otra rebanada de pan y corte en sesgo el sandwich.

PROPIEDADES:
- La carne de res es la mejor fuente de hierro y vitamina B12; contiene escasa cantidad de carbohidratos. Aporta vitaminas del grupo B, zinc y fósforo.
- La mostaza se emplea en el tratamiento de estados febriles, resfriados y gripe.
- Las espinacas contienen vitaminas y minerales, contribuyen a mejorar nuestra salud, ayudan a hacer la digestión gracias a la fibra y además disminuyen la presión arterial.
- El pan integral da energía y fuerza física. Es laxante y rico en hierro, fosfato y además en sales minerales.

PRESENTACIÓN:

Sirva los sandwiches en platos alargados y en un pequeño recipiente ponga marinada de orégano y mejorana, en otro mostaza de grano Dijon. Sirva de inmediato.

GAVILLA

nacieron de la fecunda imaginación de Patricia Quintana,
reconocida internacionalmente como una de las mejores
chefs de México.

Los productos Gavilla están hechos con ingredientes
naturales que le dan el toque de sabor y distinción
a los platillos.

Estos aderezos y marinadas mantienen y guardan
las cualidades de la tradición de la cocina casera.

ADEREZO DE MOSTAZA Y MIEL

Para ensaladas
Vegetales crudos o cocidos
(al vapor, a la plancha, o salteados)
Papas (al horno o ensalada)
Pescados y mariscos
Aves y carnes rojas
Carnes frías
Quesos

MARINADA DE ORÉGANO Y MEJORANA

Para marinar carnes y aves
Quesos (a la plancha o gratinados)
Verduras a la plancha

• Cocine alcachofas en agua
con sal, escúrralas
y báñelas con
la vinagreta mientras
estén calientes
para que absorban
el sabor.

• Prepare rebanadas de pan
baguette o bolillos pequeños
con una rebanada de queso
brie y una de gruyère.
Bañe con el aderezo
y hornee hasta que los
quesos se derritan.
Sirva como botana.

• Cocine unos espárragos
en agua con sal, escúrralos y
bañe con el aderezo.
Sirva como entrada
o para acompañar pescado.

• Bañe unas pechugas de
pollo con la marinada
y cocínelas en una
sartén gruesa.
Acompañe con
puré de papa.

• Rebane en tiras las
pechugas marinadas
y asadas; prepare una
ensalada con jitomate,
apio, aceitunas y aguacate.
Añada un poco más de
marinada fría antes
de servir.

• Marine un queso panela,
cocínelo en horno suave
durante 20 minutos.
Sirva como botana
acompañado de pan
integral.

MARINADA DE ACHIOTE

Para marinar pescados y mariscos
Cochinita, conejo o pollo a la pibil
Tamales
Mixiotes

• Marine pechugas de pollo con el achiote
y cocine en una sartén gruesa al carbón. Acompañe
con esquites servidos en hoja de elote. Sirva caliente.

• Bañe unos filetes de pescado y cocine al vapor
envueltos en hoja de plátano. Acompañe con arroz.

• El lomo de puerco puede marinarlo y cocerlo
al horno (destapado o tapado con papel aluminio),
bañe con el jugo durante la cocción.

• Sazone los frijoles refritos con 2 cucharadas
de achiote.

ADEREZO DE SOYA Y LIMÓN

Para ensaladas
Vegetales crudos o cocidos (al vapor, a la plancha, o salteados)
Arroz
Pasta fría
Quesos suaves
Sushi, pescados y mariscos
Para marinar brochetas (de aves y carnes rojas)

• Prepare unas pechugas deshuesadas y áselas en la plancha.
Añada un poco de aderezo antes de servirlas.

• Haga un caldo con fideos chinos, germinados, hongos y chícharos
chinos. Cuando suelte el hervor añada un poco de aderezo y cocine
hasta que las verduras estén listas. Sirva la sopa caliente.

• Cocine arroz blanco y antes de terminar la cocción incorpore
un poco de aderezo. Tape el recipiente y termine de cocinar.
Prepare una tortilla de huevo, píquela y sirva encima del arroz.

Esta obra fue impresa en enero de 2008
en los talleres de Gráficas Domingo.

La encuadernación de los ejemplares se hizo
en los talleres de Gráficas Domingo.

El diseño de interiores estuvo a cargo de Eduardo Romero Vargas
y la formación tipográfica a cargo de Erika Giovana González González.